国家数字图书馆工程标准规范成果

U0656282

国家数字图书馆长期保存
元数据规范与应用指南

姜爱蓉　杨东波　程变爱　主编

国家圖書館出版社
National Library of China Publishing House

图书在版编目(CIP)数据

国家数字图书馆长期保存元数据规范与应用指南/姜爱蓉,杨东波,程变爱主编. --北京:国家图书馆出版社,2014.9

(国家数字图书馆工程标准规范成果丛书)

ISBN 978 - 7 - 5013 - 5444 - 3

Ⅰ.①国… Ⅱ.①姜… ②杨… ③程… Ⅲ.①中国国家图书馆—数字图书馆—数据技术—信息资源—规范—指南 Ⅳ.①G255.75 - 65

中国版本图书馆 CIP 数据核字(2014)第 187740 号

书　　名	国家数字图书馆长期保存元数据规范与应用指南	
著　　者	姜爱蓉　杨东波　程变爱　主编	
责任编辑	高　爽	

出　　版	国家图书馆出版社(100034　北京市西城区文津街 7 号)
	(原书目文献出版社　北京图书馆出版社)
发　　行	010 - 66114536　66126153　66151313　66175620
	66121706(传真),66126156(门市部)
E-mail	btsfxb@ nlc. gov. cn(邮购)
Website	www.nlcpress.com ——→投稿中心
经　　销	新华书店
印　　装	北京科信印刷有限公司
版　　次	2014 年 9 月第 1 版　2014 年 9 月第 1 次印刷

开　　本	787 × 1092(毫米)　1/16
印　　张	9.25
字　　数	90 千字

书　　号	ISBN 978 - 7 - 5013 - 5444 - 3
定　　价	58.00 元

《国家数字图书馆工程标准规范成果》丛书编委会

主　编:国家图书馆

本书编委会

主编：姜爱蓉　杨东波　程变爱

编委：郑小惠　童庆钧　姚　飞　张成昱　陈　武
　　　窦天芳　远红亮　王志庚　申晓娟　李春明
　　　翟喜奎　赵　悦　周　晨　董晓丽　王文玲

总　　序

　　数字图书馆涵盖多个分布式、超大规模、可互操作的异构多媒体资源库群,面向社会公众提供全方位的知识服务。它既是知识网络,又是知识中心,同时也是一套完整的知识定位系统,并将成为未来社会公共信息的中心和枢纽。数字图书馆建设的最终目标是实现对人类知识的普遍存取,使任何群体、任何个人都能与人类知识宝库近在咫尺,随时随地从中受益,从而最终消除人们在信息获取方面的不平等。"国家图书馆二期工程暨国家数字图书馆工程"是国家"十五"重点文化建设项目,由国家图书馆主持建设,其中国家数字图书馆工程的建设内容主要包括硬件基础平台、数字图书馆应用系统和数字图书馆标准规范体系。

　　标准规范作为数字图书馆建设的基础,是开发利用与共建共享资源的基本保障,是保证数字图书馆的资源和服务在整个数字信息环境中可利用、可互操作和可持续发展的基础。因此,在数字图书馆建设中,应坚持标准规范建设先行的原则。国家数字图书馆标准规范体系建设围绕数字资源生命周期为主线进行构建,涉及数字图书馆建设过程中所需要的主要标准,涵盖数字内容创建、数字对象描述、数字资源组织管理、数字资源服务、数字资源长期保存五个环节,共计三十余项标准。

　　在国家数字图书馆标准规范建设中,国家图书馆本着合作、开放、共建的原则,引入有相关标准研制及实施经验的文献信息机构、科研机构以及企业单位承担标准规范的研制工作,这就使得国家数字图书馆标准规范的研制能够充分依托国家图书馆及各研制单位数字图书馆建设的实践与研究,使国家数字图书馆的标准规范成果具有广泛的开放性与适用性。本次出版的系列成果均经过国家图书馆验收、网上公开质询以及业界专家验收等多个验收环节,确保了标准规范成果的科学性及实用性。

目前,国内数字图书馆标准规范尚处于研究与探索性应用阶段,国家图书馆担负的职责与任务决定了我们在数字图书馆标准规范建设方面具有的责任。此次将国家数字图书馆工程标准规范研制成果付梓出版,将为其他图书馆、数字图书馆建设及相关行业数字资源建设与服务提供建设规范依据,对于推广国家数字图书馆建设成果、提高我国数字图书馆建设标准化水平、促进数字资源与服务的共建共享具有重要意义。

国家图书馆馆长　周和平
2010 年 8 月

目　　录

前　言

进入到数字信息时代,信息技术高速发展,原生态数字资源和非原生态数字资源的种类和数量也越来越多。国家图书馆具有履行重点收藏和长期保存中文数字资源的职能,因此迫切需要把这些数字资源保存起来,能够让几十年,以至更长时间以后的人们看到并能够看懂。

国家图书馆的数字资源包括自建数字资源、外购数字资源、互联网采集的数字资源以及全国文化信息共享工程的数字资源等。截至 2011 年 6 月底,国家图书馆数字资源总量已达545TB,数字资源发布总量 396.7TB,这些资源都急需有效的保存和管理。为实现国家图书馆数字资源的长期保存和有效存取,需要制定相应的长期保存标准规范。

本标准规范由国家图书馆提出,委托清华大学图书馆进行研制,为服务国家图书馆数字资源长期保存,根据国家数字图书馆工程长期保存规范招标指南、研制需求书和成交合同研制。经过广泛调研,并与国家图书馆协商,为了兼顾今后国际间的数据交换,本标准规范修改采用OCLC 与 RLG 联合资助成立的"保存元数据:实施策略(Preservation Metadata:Implementation Strategies,PREMIS)"工作组制订的《PREMIS 保存元数据数据字典 2.1》。如要以此规范为基础发展中国长期保存元数据标准规范,需要在国家图书馆应用的基础上进行修改、补充和完善,并按照国家标准研制的正式程序组织有关单位共同研制。

长期保存元数据框架设计的基本要求是全面性、可扩展性和普适性。这就要求保存元数据的设计必须建立在一个共同的概念框架基础上,而 OAIS 不仅仅提供了这样一个概念框架,还在一个广泛的信息环境中提出了一套完整的数字资源保存系统的功能模块,并制定了信息模型,这就为我国长期保存元数据的设计提供了一个基础平台。PREMIS 数据字典提供了一个核心的保存元数据集,鉴于国家图书馆的数字资源情况,PREMIS 的这个核心元数据集是基本上适用的。考虑到国家图书馆数字资源的具体情况,实施过程可能需要进行一定的扩展,根据国家图书馆的具体需求制定了相应的应用指南。

本书提供国家数字图书馆长期保存元数据标准规范的实施建议和应用指南。为国家数字图书馆设计数字信息长期保存系统提供参考,为 PREMIS 数据模型的实施、元数据存储等提供具体的指导。对于长期保存元数据来说,其具体的实施应该是在长期保存系统中,由系统设计人员根据具体实施单位的系统需求和资源情况,将可能会用到的语义单元尽可能全地设计到系统相关模块中,从而可以在系统运行时自动获取相应的元数据值。

　　一般元数据标准规范的指南基本上都是著录细则,而保存元数据与别的元数据有很大的不同,因此本书应用指南部分也完全有别于别的元数据规范的著录细则。本应用指南定位于辅助理解"国家图书馆长期保存元数据标准规范",并对具体操作提供建议和指导,不能独立使用。

　　最后,特别感谢项目组成员、国家图书馆王志庚研究馆员。他对国内外的保存元数据标准和发展进行了大量研究,并将其前期成果作为本课题的研究基础,为本标准规范的研制做出不可或缺的贡献。

第一部分　国家数字图书馆长期保存元数据标准规范

1　范围

本规范修改采用《PREMIS 保存元数据数据字典 2.1》,将"保存元数据"定义为在一个保存系统中对数字资源保存过程进行支持的信息。保存元数据支持和记录数字资源保存的处理过程,此过程包括:

①创建清晰的来源记录,能够记录数字对象随时间而改变的流程;

②记录数字对象的真实性,证明没有被无法记录的方式所改变;

③记录数字对象经历的技术处理;

④描述数字对象的技术环境,包括该数字对象被呈现或利用时所需的软硬件等技术需求;

⑤描述数字对象的起源环境;

⑥指定权限管理信息,包括一定时间内限制保存系统保存和传播数字对象的权利信息。

因此,保存元数据兼有管理(包括权利和权限)元数据、技术元数据和结构元数据的功能。在保存元数据中,特别需要关注的是记录数字对象历史的来源信息和在保存系统之中数字对象之间的关系信息。

由于 PREMIS 的范围限定在对所有数字对象具备普适性的语义单元上,并不包括那些文件格式专有的元数据语义单元,所以需要根据中文数字信息资源的特点,制定专有的文件格式定义技术元数据,同时还要广泛采用国外标准的文件格式定义专有技术元数据。

本标准适用于国家图书馆数字资源长期保存方案构建及其数字资源长期保存,其他图书文献机构及其相关机构也可参照此标准开展数字资源长期保存业务。

2　规范性引用文件

本标准无规范性引用文件。列出本章是为了与其他数字资源长期保存体系标准的条款号相一致。

3　术语定义

3.1　保存元数据　preservation metadata

保存元数据是支持与数字资源长期保存相关过程的信息框架。更确切地说,它是支持数字资源长期保存过程中的可生存能力、可还原能力与可理解能力的必要信息。保存元数据能够作为保存过程中的输入信息,也可以作为相同过程的输出信息。

3.2 PREMIS 数据模型 the PREMIS data model

一种简单的数据模型,定义了数字资源保存活动中的知识、对象、事件、权利和代理五种实体。

注:知识、对象、事件、权力和代理 5 种实体将在第 4 章中详细说明。

3.3 数字对象 digital object

一个不连续的数字形式的信息单元,是 PREMIS 数据模型的核心概念,包含三个层次:文件、比特流和表现。

注:其中比特流和表现将在第 4 章中详细说明。

3.4 文件 file

一组 0 字节或多字节、可以被操作系统识别的数据。

注1:文件可以读写和复制;

注2:文件有名字和格式。

3.5 数据字典 data dictionary

依据 PREMIS 数据模型组织的,提供了数字对象、事件、代理和权力四个实体的详细描述的数据信息集合。

注:由于知识实体的元数据属于描述性元数据,应为其他既存描述元数据框架的重点研究范围,因此未被列入本数据字典。

4 PREMIS 数据模型

4.1 概述

PREMIS 工作组提出了一个简单的数据模型来组织数据字典中定义的语义单元。数据模型定义了在数字资源保存活动中尤为重要的五种实体:知识实体、对象、事件、权利和代理。数据字典中定义的每个语义单元都是数据模型实体之一的某种属性。PREMIS 数据模型,见图1。

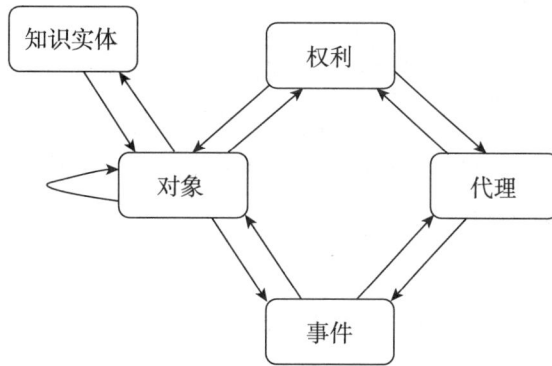

图 1　PREMIS 数据模型

在图 1 中,实体用方框表示;实体之间的关系用箭头表示。箭头的方向表示关系连接的方向,与在保存元数据中的记录一致。例如,从权利实体指向代理实体的箭头表示与权利实体相关的元数据包括一个语义单元,该单元记录了与代理的关系信息。

对象实体的箭头指向它本身,这表示数据字典中定义的语义单元支持对象之间相互关系的记录。数据模型的其他实体不支持这类关系;换言之,尽管对象可以和其他对象相关,事件却不能和其他事件相关,代理也不能和其他代理相关,如此类推。

数据模型依赖于不同实体之间的连接,使这些关系明晰。关系是指实体实例之间联系的声明。"关系"有广义和狭义之分,以多种方式表达。例如,"对象 A 的格式是 B"就可以认为是 A 和 B 之间的关系。然而,PREMIS 模型把格式 B 看作是对象 A 的一个属性。PREMIS 约定"关系"是两个或两个以上对象实体之间的联系,或者是不同类型实体之间的联系,如对象和代理之间。

4.2　对象

对象实体有三个子类型:文件、比特流和表现。

4.2.1　文件

文件是被命名的,由一组字节组成的有序序列。可以被操作系统识别。文件可以是 0 字节或更多字节,有文件格式、访问权限和文件系统特征,如大小和最后访问时间。

4.2.2　比特流

比特流是文件内连续或非连续的数据,对保存用途而言,具备有意义的共同属性。如果不加文件结构(头标等)或为遵从某种文件格式而重定比特流格式,比特流不能转换成独立的文件。

本规范中定义的比特流是指内嵌于文件的一组二进制位数。这与一般的使用有区别,理论上比特流可以包含不止一个文件。内嵌比特流文件的一个范例是包含两个图像的一个

5

TIFF 文件。

根据 TIFF 文件格式规范，一个 TIFF 文件必须有一个包含文件相关信息的头标。它可以包含一个或多个图像。在 PREMIS 数据模型中，每个图像都是一个比特流，可以有其属性，如标识、位置、限制信息和详细的技术元数据（如色彩空间）。

一些比特流有和文件相同的属性，一些则没有。内嵌于 TIFF 文件的图像的属性显然和文件本身不同。然而，在另一个例子中，三个 TIFF 文件可以聚合在一个大的 tar 文件里。在这种情况下，这三个 TIFF 文件也是内嵌的比特流，但它们有 TIFF 文件的所有属性。

本规范定义的比特流只包含一个内嵌的比特流，如果不加文件结构（如头标）或为遵从某种文件格式规范而重定格式，比特流不能转换成一个独立的文件。比特流的例子如 TIFF 文件内的一个图像、WAVE 文件内的音频数据，或 Microsoft Word 文件内的图像。

一些内嵌的比特流可以转换成独立的文件，尽管转换过程（如解压、解密或解码）可能会在抽取过程中对比特流进行，但不增加额外的信息。这些比特流的例子包括 tar 文件内的一个 TIFF 文件，或一个 XML 文件内一个编码的 EPS 文件。

本规范中，这些比特流定义为"文件流"，也就是内嵌于更大文件内的真正的文件。文件流有文件的所有属性，而比特流则不是这样。在数据字典中，"文件"一列应用于文件和文件流上。"比特流"一列应用于比特流（而非文件流）的子集上，依附于更严格的比特流定义。文件的位置（数据字典中的 contentLocation）通常是存储的位置；而文件流或比特流的位置通常是内嵌文件内的起始端。

比特流是文件内连续或非连续的数据，对保存用途而言，具备有意义的共同属性。

4.2.3 表现

表现是需对知识实体进行完整而合理再现的一组文件（包括结构化元数据）。例如，一篇期刊论文可以由一个 PDF 文件完成；这一个文件构成表现。另一篇期刊论文可以由一个 SGML 文件和两个图像文件组成；这三个文件构成表现。第三篇论文共 12 页，每页由 1 个 TIFF 图像表现，加上一个结构化元数据的 XML 文件，显示页面顺序；这 13 个文件构成表现。

许多保存系统的目标是随着时间推移，维护知识实体的可用版本。为了使一个知识实体显示、播放或可用，组成该知识实体至少一个版本的所有文件必须标识、存储和维护，这些文件才能被聚合起来，呈现给任意地点的用户。表现就是需要做到这些的一组文件。

对于同一个知识实体，保存系统的表现形式不止一种。例如，保存系统可以得到一个 TIFF 文件的图像（如"奔马像"），可以从 TIFF 文件创建一个派生的 JPEG2000 文件，同时保留两个文件，每个文件将构成"奔马像"的表现。

更复杂的情况，"奔马像"可能是包含该 TIFF 图像的文章片段和一个 SGML 编码的文本文件。如果保存系统创建了一个 TIFF 文件的 JPEG2000 版本，文章将有两种表现：TIFF 和 SGML

文件构成一种表现,而 JPEG2000 和 SGML 文件构成另一个表现。这些表现如何存储据实施而定。一个保存系统可以选择存储这个 SGML 文件的拷贝,在表现之间共享。保存系统也可以选择复制 SGML 文件,存储两个相同的备份。这两个表现将包括 TIFF 和 SGML 拷贝 1,以及 JPEG2000 和 SGML 拷贝 2。

不是所有保存系统都关注表现。例如,保存系统可能只保存文件对象,依靠外部代理把这些对象聚合成有用的表现。如果保存系统不管理表现,就不需要记录它们的元数据。

4.3 代理

代理是指与一个数字对象的保存事件相关联的个人、机构或软件程序。本规范没有定义代理的详细特征。只要一个保存系统能够正确识别参与某一保存行为的代理,代理的其他属性可由保存机构自行开发。

代理显然很重要,但不是数据字典的重点。数据字典只定义了一种确定代理的方式和代理类型分类(个人、组织或软件)。如果需要更多元数据,请于具体实施中自行定义。

数据模型图表中有一个从代理实体指向事件实体的箭头,但没有从代理指向对象实体的箭头。代理只能通过事件间接地影响对象。每一个事件可以有一个或多个相关对象、一个或多个相关代理。因为同一个代理可以在不同的事件扮演不同的角色,所以代理的角色是事件实体的属性,而不是代理实体的属性。

4.4 权利

权利,或称权利陈述,是与数字对象或代理相关联的一项或多项权利声明或许可。本规范仅定义了与保存行为相关的权利和许可信息,不包含那些与信息存取和信息发布相关的权利信息,即授权某一代理对某一数字对象采取某种操作(行为或限制)的许可信息。很多机构关注与知识产权和许可相关的元数据,从权利表现语言到 < indecs > 框架,然而只有很少机构提出了与数字资源保存相关的权利和许可。因此,原来数据字典中的 permissionStatement 在这一版本中改为 rightsStatement。必须指出,建议使用的 copyrightMD 和 PREMIS 权利很不一样。CopyrightMD 设计用于记录实际信息,让人对某一作品作出可靠的版权评价。PREMIS 的 rightsStatement 设计用于让保存系统决定它是否有权利以自动方式采取某项行动,附有一些声明基础的文件。

4.5 事件

事件是可被保存系统所记录的一种影响到至少一个数字对象或代理的行为。事件是记录关于数字对象行为的实体,对于本规范是很重要的,因为很多行为都将影响数字对象的保存,这些行为包括数字对象的修改、真实性校验、完整性校验、传递请求和报告请求。事件和关系密切相关，因为一次数字对象的迁移或更新将派生出另外一个数字对象，而这些数字对象之间的关联关系对于数字对象的长期保存来讲是非常重要的。

事件实体聚合关于行为的元数据。保存系统会出于许多原因而记录事件。对于一个数字对象修改（即创建一个新版本）的行为记录对于维持数字出处（可靠性的一个关键要素）是很关键的。创建新关系或改变现有关系的行为对于解释这些关系很重要，甚至不改变任何东西的行为，如对对象进行的有效性和完整性检查，就其管理用途而言对记录也是很重要的。就宣传或报导用途而言，一些保存系统会追踪请求等行为，将其传播或报告。

保存系统决定将哪些行为记录为事件。一些行为可能会被认为太琐碎而不予记录，或在其他系统记录（如文件例行备份会被记录在存储管理系统中）。对象摄入保存系统前发生的事件是否记录，这也是一项实施决定（如早期对象的衍生或保管者的更改）。理论上，知识实体交换后的事件也可以被记录。例如，一个保存系统先交换了一个知识实体，然后删除了与该实体相关的所有文件对象，再把每一项删除记录为事件。

在数据模型中，对象与事件相关联的方式有两种。如果一个对象通过一个事件与另一个对象相关，事件标识在 relationship 容器中被记录为语义组分 relatedEventIdentification。如果对象与另一个对象有相关事件，却没有关系，事件标识在容器中将记录为 linkingEventIdentifier。

所有事件都有结果（譬如成功、失败），一些事件还有输出。例如，程序执行创建了一个新的文件对象。语义单元 eventOutcome 和 eventOutcomeDetail 用于记录定性输出。例如，如果事件是一个格式验证的行为，eventOutcome 的值可能是一个表示对象完全有效的代码，也可能是一个表示对象并非完全有效的代码，而 eventOutcomeDetail 会描述发现的所有不规则的地方。如果验证程序给出警告和错误信息的日志，另一个 eventOutcomeDetail 实例会用于记录或指向该日志。

如果一个事件创建了存储于保存系统内的对象，这些对象应该被描述为实体，拥有一套完整的可应用的元数据，通过链接与该事件相关联。

4.6 知识实体

知识实体是一个聚合在一起的内容单元，可以适当地理解为一个信息单元，如一本书、一张地图、一个数据库等。一个知识实体可以包含多个二级的知识实体，如一个网站包含多个网页，一个网页可以包含一个照片，一个知识实体可以有一个或多个数字的表现形式。保存系统并不存储知识实体，而是存储表现知识实体的数字对象及其元数据。所以本规范数据字典中的语义单元不包括知识实体。

4.7　不同类型实体之间的关系

数据模型图表用箭头表示不同类型实体之间的关系。对象与知识实体相关,对象与事件相关,代理与事件相关,等等。数据字典把关系表示成链接信息,在信息中实体 A 有一个指针指向关联的实体 B。数据模型中每一个实体都有唯一的标识作为指针使用。因而,比如对象实体有箭头指向知识实体和事件。在数据字典中这些通过语义单元链接知识实体标识符(linkingIntellectualEntityIdentifier)和链接事件标识符(linkingEventIdentifier)而实施。

4.8　对象之间的关系

保存系统中的对象可以与保存系统中的一个或多个对象相关联。PREMIS 数据字典提供语义单元以支持对象之间关系的记录。对象之间的大多数关系是以下三种基本类型的变量:结构、衍生和从属型。

结构关系显示对象部分之间的关系。文件之间的结构关系构成一个知识实体的表现,这显然是最本质的保存元数据。如果保存系统不能把一个数字对象还原成整体,它就没有保存该对象。对于一个简单的数字对象(如一张照片),结构信息是最起码的:文件构成表现。其他数字对象(如电子书、网站等)可能有相当复杂的结构关系。

衍生关系产生于对象的复制或转换。结果对象的知识内容是相同的,但对象的实例化(可能其格式)是不同的。当格式为 X 的文件 A 被迁移而创建格式为 Y 的文件 B 时,衍生关系就存在于 A 和 B 之间。

很多数字对象是复杂的,作为保存活动的结果,结构和衍生信息随着时间推移都可以改变。例如,表现为 400 个 TIFF 图像的一本电子书迁移后,可能会变成 4 个 PDF 文件,每个包含100 页。

在对象摄入保存系统之前,对象之间的结构关系也可以由衍生行为建立。例如,一个文字处理文档可以被用于创建 PDF 和 XML 格式的衍生文件。如果只有该 PDF 和 XML 文件被提交到保存系统中,这些对象是同一知识实体的不同表现,与源文件有父子关系。它们彼此并没有衍生关系,但它们拥有兄弟(同一父亲的孩子)的结构关系。

当一个对象需要另一个对象支持其功能、传递或内容一致时,就存在从属关系。一个对象可能需要某种字体、样式表、文件类型定义(DTD)、schema 或其他原非对象本身一部分的文件,但需要其加以呈现。数据字典把从属关系处理成环境信息的一部分,位于语义单元从属对象信息(dependency)和软件附件(swDependency)中。这样,软硬件的需求因需要而被集合在一起,让从属的文件形成信息或资源的完整图像,用于对象的呈现与/或理解。

5 原则

5.1 1:1原则

在数字资源保存中,创建被存储对象的新拷贝或版本是很常见的。例如,在迁移过程中格式为 X 的文件 A 可能会被输入到一个程序中,输出格式为 Y 的文件 B。考虑文件 A 和 B 的方式有两种:一种是把它们看作单个对象,其历史包括从 X 到 Y 的转换;另一种是把它们看作两个不同的对象,两者之间存在转换事件所创建的关系。

1:1原则声明每个描述只能描述一个资源。应用到长期保存元数据中,保存系统中的每一个对象(文件、码流、表现)被描述为一组静态二进制位数。不可能改变一个文件(或者码流、表现);只能创建一个与源对象相关的新文件(或者码流、表现)。因此,在上述例子中,文件 A 和 B 是不同的对象,其间存在一个衍生关系。数据字典有一个关于对象创建日期的语义单元(dateCreatedByApplication),但没有关于对象修改日期的语义单元,因为根据定义,一个对象是不能被修改的。

当现有对象衍生出新对象时,创建新对象的事件应该被记录为一个事件,有一个日期/时间标记。对象之间的关系应该用语义单元 relationship 记录,与对象实体相关联。用语义组分 relatedEventIdentification 与事件相关联。

5.2 一致性原则

一致性原则要求保存系统遵循数据字典中提出的规范。例如,如果一个声称与本规范一致的保存系统实施了一个与数据字典某一个语义单元同名的元数据元素,可以认为该保存系统的元数据元素也遵循该语义单元的定义。当然也可以使用数据字典中没有定义的元数据,但如果两者同名时,非本规范的元素不能与本规范的语义单元冲突或覆盖,也必须遵守数据字典中的著录约束和应用指南。对于可重复性和约束,一致性要求更严格(而非更自由)的应用。也就是说,数据字典中定义的一个可重复的语义单元在保存系统中可以是不重复的,但反之不然。

在定义表现、文件与比特流时,数据字典指定了一些必备的语义单元。必备的语义单元表达最小限度的信息:①对于数字对象的长期保存是必要的;②在从一个保存系统转移到另一个系统时,必须附于数字对象。对于保存系统内部中必备语义单元的收集、存储或管理,没有指定策略。也没有对于本地保存系统中必须明确记录和维护的最小限度的信息。一般来说,数据字典中必备的语义单元表现的信息必须与其拥有的任何存档的数字对象相关。关联的具体方式(如本地元数据存储、共用注册表等)是实施方面的问题,不属于数据字典的范围。

当一个数字对象在两个保存系统之间进行交换时,发送该对象的保存系统必须可以从其中或其他来源中抽取需要的信息,使在数据字典中标记为必备的语义单元可以组装。这一信息必须遵循数据字典中的规范,在交换到第二个保存系统时,必须和数字对象打包在一起。这一信息代表另一个保存系统接收数字对象的最小限度,承担其长期保存的责任。

一些 PREMIS 语义单元等同于其他元数据方案中的元数据元素。如果元数据从其他元数据方案中提取,组装为 PREMIS 语义单元,必须注意确保这一信息与 PREMIS 数据字典相应的语义单元相关的需求和约束相一致。协调 PREMIS 数据字典和其他元数据方案以防止其被覆盖,这将有助于把一致性问题降到最小。例如,Z39.87 元数据标准(数字静态图像的技术元数据)修订了其中的一些元素,以与 PREMIS 数据字典中对等的语义单元相协调。

有时保存系统与其他本不是保存系统的机构交换数字对象。当一方向一个保存系统提交对象供其存档时,提交者未必能提供必备语义单元生长所需的所有信息。理想状态下,它提交该信息的子集,其范围由提交者和保存系统先前达成的安排所决定。不管该子集的范围如何,提交者所提供的任何信息都应该遵循数据字典。保存系统的摄入过程将提供必备语义单元的其余信息。

当一个保存系统将一个存档的数字对象传播到用户时,用户未必对与存档对象相关的所有必备语义单元都感兴趣。相反,向用户提供的可能是这些语义单元的一个子集。和提交的情况一样,不管子集的范围如何,保存系统提交的任何信息都必须遵循数据字典。保存系统和其他机构之间跨网络的互用性需要其达成对支持长期保存所需元数据的共有观点,形成一个可实施的元数据方案。PREMIS 一致性和必备语义单元都是为了满足这一需要。

5.3 可扩展性原则

对于某些语义单元,数据字典指出了其扩展的潜在可能性,在实施阶段需要时可以包含附加的本地元数据,或提供附加结构或元数据粒度。

在设计扩展机制时采取一个原则,即只有容器一类的语义单元才能扩展。这允许了 PREMIS 定义的语义单元或 PREMIS 外定义的语义单元容器的使用。

在对列出的可扩展语义单元利用扩展机制时,应当遵循以下原则:

- 扩展容器可以用于在父容器(即包含扩展容器的容器)中补充或替换 PREMIS 语义单元。唯一例外是 objectCharacteristicsExtension,它只能补充 objectCharacteristics。
- 扩展容器可以和现有 PREMIS 语义单元一起使用,对 PREMIS 语义单元补充附加元数据。
- 扩展容器可以不和现有 PREMIS 语义单元一起使用,而用其他可应用元数据替换 PREMIS 语义单元(objectCharacteristicsExtension 除外)。

- 当在扩展容器内容和现有 PREMIS 语义单元之间有一一对应的映射时,推荐优先使用 PRE-MIS 语义单元,而非其相应的扩展;不过,如果条件允许,实施者可以选择单独使用扩展。
- 如果扩展容器中的信息需要与一个 PREMIS 语义单元明确相关,可以将父容器重复,加上适当的子单元。如果需要不同外部元数据方案的扩展,也应将父容器重复。在这种情况下,重复的父容器可以包括扩展容器。
- 使用扩展容器时,必须声明在扩展容器中使用的外部元数据方案。

6 长期保存数据字典

6.1 语义单元属性

数据字典是按照前述数据模型组织的,提供了数字对象、事件、代理和权利四个实体的详细描述,同时还提供了使用说明。知识实体的元数据属于描述性元数据,属于其他既存描述元数据框架的重点研究范围,因此未被列入数据字典的核心。

本数据字典定义了适用于所有类型的数字对象和事件的核心语义单元,而并没有对知识实体和代理的语义单元进行深入定义。因为这些实体是其他的元数据方案的核心,而在长期保存的环境下并无专门需求,只要能够和其他的实体建立关联关系即可。

本数据字典收录了四个语义实体,即数字对象、事件、代理和权利的语义单元及其语义组分。每一条语义单元及其语义组分包括定义、创建附注和使用用法等信息。语义组分通常会继承其所属语义单元的适用性,即,如果语义单元指定其适用于文件,不适用于表现,那么它的语义组分就仅适用于文件,而不适用于表现。但是,语义单元的重复性和必备性不能决定其语义组分的重复性和适用性。

本数据字典为每一个语义单元提供了如下属性:

(1)**语义单元名称(The name of the semantic unit)**:是本方案设计的用来描述语义单元的名称,在本字典内具备唯一性和专指性。保存系统使用这些名称来进行数据交换,将有助于提交互操作性。保存系统重点关注元数据元素是如何获知的,而并不关注元数据元素是如何记录和表现的,因此 PREMIS 数据字典使用"语义单元",而非一般元数据方案的"元素"。

(2)**语义组分(Semantic components)**:本字典对每个语义组分进行单独描述。一个具有语义组分的语义单元不能被赋值,只有最低层级的语义组分才能被赋值。

(3)**定义(Definition)**:语义单元和语义组分的释义。

(4)**原理(Rationale)**:设置本语义单元及其语义组分的原因说明。

(5)**著录约束(Data constraint)**:语义单元和语义组分的值的编码方式,通用的著录约束包括容器(Container)、无(None)和"受控词表取值"。

(6)对象类型(Object category):语义单元或语义组分是否适用于表现、文件或比特流。适应于文件的语义单元同时适应于比特流。

(7)适用性(Applicability):说明语义单元对各个对象类型是否适用的性质。

(8)范例(Examples):语义单元或语义组分的取值示例,旨在说明语义单元的应用示范。范例的实际取值采用纯文本来著录描述,在"【 】"中的文字并非实际取值,而是对实际取值的说明性描述。需要说明的是并非所有的语义单元都提供了范例。

(9)重复性(Repeatability):规定语义单元或语义组分是否可重复著录,可重复的语义单元和语义组分可取多值,但并不意味着一个保存系统必须记录多个。

(10)必备性(Obligation):某语义单元或语义组分的取值是否必备或可选。必备语义单元是保存系统所必须获知的语义单元,并不意味着保存系统必须记录该语义单元。如果一个语义单元或语义组分的取值可以通过其他方式得到,那么保存系统就必须明确记录该语义单元。"必备"实际上意味着"适用必备",比如,比特流标识符只有在保存系统采取比特流级的保存策略时才是必备语义单元。当一个保存系统在系统间交换元数据时,必备语义单元的取值必须提供。本字典建议保存系统给可选语义单元赋值,但并不强迫。如果一个容器语义单元是可选的,而其语义组分是必备的,那么当且仅当容器语义组分存在时,该语义组分必须被提供。也就是说,如果语义单元下辖的任何一个可选或必备语义组分的取值被提供了,那么该容器语义单元的所有必备语义组分的取值必须被提供。

(11)创建/维护附注(Creation/Maintenance notes):说明部分语义单元的取值如何获得和更新。

(12)使用附注(Usage notes):对部分语义单元的预期应用进行说明或进一步释义。

6.2 对象实体语义单元

6.2.1 对象标识符

语义单元名称	对象标识符(objectIdentifier)		
语义组分	对象标识符类型(objectIdentifierType) 对象标识符值(objectIdentifierValue)		
定义	在保存系统中用来确定数字对象唯一性的标识符号。		
说明	保存系统中的每一个数字对象必须具备一个唯一标识符,以便链接其描述元数据、技术元数据和其他类型的元数据。		
数据约束	容器		
对象类型	表现	文件	比特流
适用性	适用	适用	适用

重复性	可重复	可重复	可重复
必备性	必备	必备	必备
创建/维护附注	对象标识符可以在数字对象被提交到保存系统时创建,也可在系统外创建后作为其元数据和数字对象一起提交到保存系统。 标识符可由系统自动生成,也可由人工分配。为了确保其唯一性和可用性,建议由系统自动生成的标识符作为主要标识符,系统外分配的标识符作为第二标识符,以便系统从数字对象链接到系统外的信息。		
使用附注	无论保存系统采取什么层级来保存和管理数字对象,对象标识符都是必备的。 对象标识符是可重复的,以便记录保存系统分配或者系统外分配的标识符,参见上述创建/维护附注。 在保存系统中对象标识符必须具备唯一性,它可以是既存的,也可是曾被其他系统使用的。 如果一个对象标识符用来标识一组对象(如用一个 ISBN 号来标识一个版本的图书的所有单册),那么这个标识符不能作为保存系统的对象标识符,因为保存系统中的标识符只能用来标识一个对象。 保存系统需要知道对象标识符的类型和取值,如果取值本身已包含标识符类型,那么无需明确记录对象标识符类型;如果保存系统仅有一个类型的标识符,那么也无需记录对象标识符类型。		

6.2.1.1　对象标识符类型

语义单元名称	对象标识符类型(objectIdentifierType)		
语义组分	无		
定义	用以确保对象标识符具备唯一性的类型域。		
说明	不同类型域中的标识符值可重复,但对象标识符类型和标识符值的结合必须是唯一的。		
数据约束	受控词表取值		
对象类型	表现	文件	比特流
适用性	适用	适用	适用
范例			
重复性	不可重复	不可重复	不可重复
必备性	必备	必备	必备
使用附注	保存系统中的唯一标识符类型可以是潜在的,但在交换数据时,保存系统需明确其类型。		

6.2.1.2 对象标识符值

语义单元名称	对象标识符值(objectIdentifierValue)		
语义组分	无		
定义	对象标识符的取值。		
数据约束	无		
对象类型	表现	文件	比特流
适用性	适用	适用	适用
范例			
重复性	不可重复	不可重复	不可重复
必备性	必备	必备	必备

6.2.2 对象类型

语义单元名称	对象类型(objectCategory)		
语义组分	无		
定义	元数据所对应的数字对象的类型。		
说明	根据元数据和对象的保存需求,保存系统应可管理多种对象类型(表现、文件、比特流)。		
数据约束	无		
对象类型	表现	文件	比特流
适用性	适用	适用	适用
范例	表现	文件	比特流
重复性	不可重复	不可重复	不可重复
必备性	必备	必备	必备
使用附注	建议取值:表现、文件、比特流。		

6.2.3 保存级别

语义单元名称	保存级别(preservationLevel)
语义组分	保存级别值(preservationLevelValue) 保存级别职责(preservationLevelRole) 保存级别原理(preservationLevelRationale) 保存级别指定日期(preservationLevelDateAssigned)
定义	表明决策或策略的信息,有关数字对象的保存功能,以及该策略制定的环境。
说明	保存系统可指定多个保存级别,可根据对象的价值和独特性、对象格式的可保存能力等因素来决定。某个特定保存级别的制定的环境信息也需进一步解释。

数据约束	容器		
对象类型	表现	文件	比特流
适用性	适用	适用	不适用
重复性	可重复	可重复	
必备性	可选	可选	
创建/维护附注	保存级别可由保存系统来指定,也可由提交者作为元数据语义单元一并提交。保存系统可能也需记录附加元数据,来表明保存级别的制定环境。		
使用附注	如果保存系统仅指定一个级别的保存级别,那么这个值不必记录在系统中。某个特定的保存级别语义单元集可能只适用于某种特定的对象表现形式:其他技术格式或其他功能中的表现形式可能适用于另一种保存级别。如果需要在附加环境信息中记录保存级别值,那么该容器是可重复的(见"6.2.3.2 保存级别职责")。		

6.2.3.1 保存级别值

语义单元名称	保存级别值(preservationLevelValue)		
语义组分	无		
定义	说明数字对象的保存重要性层级的数值。		
说明	保存系统可指定多个保存级别,可根据对象的价值和独特性、对象格式的可保存能力等因素来决定。		
数据约束	受控词表取值		
文件类型	表现	文件	比特流
适用性	适用	适用	不适用
范例			
重复性	不可重复	不可重复	
必备性	必备	必备	
创建/维护附注	保存级别可由保存系统来指定,也可由提交者作为元数据语义单元一并提交。		
使用附注	每个保存级别容器只有一个保存级别值。如果在其他环境下,有另一个保存级别值适用于这个对象,应该另建一个保存级别容器。		

6.2.3.2 保存级别职责

语义单元名称	保存级别职责(preservationLevelRole)
语义组分	无
定义	一个值,用于表示一些保存策略适用的上下文环境。

说明	保存系统可为不同的环境分配不同的保存级别值,而且可能需要记录多个环境。		
数据约束	受控词表取值		
对象类型	表现	文件	比特流
适用性	适用	适用	不适用
范例			
重复性	不可重复	不可重复	
必备性	可选	可选	
使用附注	这个可选的语义单元规定了当前保存级别容器中的保存级别值所适用的保存上下文环境。 例如,一个保存系统可能有一个规定的职责要"完全保存"对象 X(格式为 F),但目前只能以"比特级"保存 F 格式的对象。那这个保存系统既要记录要求或期望的保存级别[如,保存级别职责 = "要求"(requirement)],也要记录当前的保存能力(如,保存级别职责 = "能力"(capability)。 在把资源从一个保存系统转移到另一个保存系统的时候,让接收保存系统了解保存级别值的适用环境,是非常重要的。接收保存系统可以不必知道转移保存系统的"能力"保存级别(因为这与接收保存系统自身能力的关系不大),但它必须知道该资源的"要求"保存级别。 最好指定明确的保存级别职责,即使保存系统只分配在一种特定的意义或环境下的保存级别值。如果保存系统记录了多个保存级别,那么也应支持保存级别职责。如果同一个对象有多个意义或环境(如,"要求"和"能力"都被记录),那应该使用各自的保存级别容器。		

6.2.3.3 保存级别原理

语义单元名称	保存级别原理(preservationLevelRationale)		
语义组分	无		
定义	一个特定的保存级别值适用于某个对象的原因。		
说明	一个特定的保存级别值的适用性需要判别,尤其是依据保存系统的策略,它不同于通常适用的保存值的时候。		
数据约束	无		
对象类型	表现	文件	比特流
适用性	适用	适用	不适用
范例			
重复性	可重复	可重复	
必备性	可选	可选	

使用附注	这个可选语义单元记录了适用某个保存级别值的原因。
	当分配的保存级别值不同于通常的保存系统策略时,该信息尤其重要。
	例如,保存系统通常可能分配一个"完全保存"保存级别值给 JPEG2000 文件,但检测到一个特定的文件是有缺陷的。这可能意味着保存系统针对 JPEG2000 的保存策略对这个特定文件未必有效,所以保存系统可能分配一个"比特级保存"的保存级别值给这个文件,并记下理由为"缺陷文件"。
	同样,法律规定或合同协议可能需要给一个特定对象分配一个更高的保存级别,这可能高于该类对象通常的保存级别。在这种情况下,这种分配的理由可能记作"法律"或"用者自主"。
	如果记录了多个理由,保存级别原理可以重复。

6.2.3.4 保存级别指定日期

语义单元名称	保存级别指定日期(preservationLevelDateAssigned)		
语义组分	无		
定义	一个特定保存级别值分配给某个对象的日期或日期和时间。		
说明	随着时间的增长,适用于一个对象的保存级别需要进行检查和改变,以适应保存系统与对象相关的保存需求、策略或能力的改变。当前保存级别值的分配日期能辅助决策检查。		
数据约束	为了辅助机器处理,日期值应该采用结构化的形式。		
对象类型	表现	文件	比特流
适用性	适用	适用	不适用
范例			
重复性	不可重复	不可重复	
必备性	可选	可选	

6.2.4 重要属性

语义单元名称	重要属性(significantProperties)
语义组分	重要属性类型(significantPropertiesType)
	重要属性值(significantPropertiesValue)
	重要属性扩展(significantPropertiesExtension)
定义	系统定义的在保存活动中将发挥重要作用的对象属性。
说明	考虑到数字对象日后的显示或使用,即使有相同技术属性的对象也会有些重要的属性是不同的。

数据约束	容器		
对象类型	表现	文件	比特流
适用性	适用	适用	适用
重复性	可重复	可重复	可重复
必备性	可选	可选	可选
创建/维护附注	重要属性适合于某一对象类型的所有个体,例如,保存系统的政策可能是对所有的 PDF 文件仅保存其内容。在其他方面,例如,对于媒体艺术,重要属性适应于每一个对象。当重要属性具备特异性时,需由提交者提供或由保存系统的高级管理者来提供。		

使用附注	这个语义单元的所有组分是可选的。如果包含这个容器,那重要属性值和重要属性扩展中至少一个存在,或两个都用到。
	
	重要属性可以是客观的技术属性,也可是主观认为的重要的属性。比如,系统可决定 PDF 文件所含的超级链接不属于重要属性,而 Java 脚本属于重要属性。对于一个 TIFF 图片来讲,其线条清晰度或颜色可认为是迁移所需的重要属性。图片的重要属性的判断是由系统管理者决定的。
	
	列出重要属性意味着保存系统计划长时间保存这些属性,并要求它们接受保存动作,例如,能在仿真过程或格式迁移后加以维护。这也意味着保存系统会注意是否保存动作导致重要属性的修改。
	
	在实践中,重要属性可能被用来作为保存成功的度量,作为检查保存动作结果或评价保存方法效果的属性的一部分。例如,如果列出的重要属性在某个特定的保存方法应用之后未加以维护,这可能表明这个过程的失败,或该方法不适合这种类型的资源。
	
	需要更多的数字资源保存经验,来确定最好的表示重要属性和重要属性修改的方法。
	
	该语义单元包含在重要属性容器中,旨在提供一个灵活的描述重要属性的结构,允许描述一个对象的各种类型的方面、层面或属性,并匹配这个对象关于这方面、层面或属性的特定的重要细节。
	
	例如,一些保存系统可以定义关于对象内容、外观、结构、行为、环境各方面的重要属性,细节可能包括:
	
	    重要属性类型 = "内容"
	    重要属性值 = "所有的文字内容和图像"
	    重要属性类型 = "行为"
	    重要属性值 = "可编辑的"
	    其他保存系统可能以比属性级更大的粒度来描述重要属性;例如:		

续表

	重要属性类型 = "页数" 重要属性值 = "7" 重要属性类型 = "页宽" 重要属性值 = "210 毫米" 每一方面细节对应该包含在一个单独的、可重复的重要属性容器中。 确定和描述重要属性的进一步工作可能放弃更详细的框架,以便于一般描述。 　还需进一步表示保存动作导致的重要属性修改。一种可行的方法是使用对象和事件信息:对象 A 具有属性数量和时间,这被记作 A 的重要属性。在迁移版本 B 中,时间改变了,该信息记在迁移事件的事件结果中,只把数量列为 B 的一个重要属性。

6.2.4.1　重要属性类型

语义单元名称	重要属性类型(significantPropertiesType)		
语义组分	无		
定义	重要属性所描述对象的方面,层面或属性。		
说明	保存系统可能基于对象的一个特定方面或属性,来描述重要属性。		
数据约束	无		
对象类型	表现	文件	比特流
适用性	适用	适用	适用
范例	内容 结构 行为 页数 页宽 字体 超级链接 图像数	内容 结构 行为 页数 页宽 字体	[对于嵌入图像]颜色空间
重复性	不可重复	不可重复	不可重复
必备性	可选	可选	可选
使用附注	该语义单元是可选的,可能被用作一个具有重要属性值的方面:细节与重要属性值配对。		

20

6.2.4.2 重要属性值

语义单元名称	重要属性值(significantPropertiesValue)		
语义组分	无		
定义	主观描述一个特定对象的特征对保存动作维护具有决定性的重要作用。		
说明	保存系统可能基于对象的一个特定方面或属性,描述重要属性。		
数据约束	无		
对象类型	表现	文件	比特流
适用性	适用	适用	适用
范例	[对一个包含非必要动画的网页]仅内容。 [对一个重要属性类型"行为"]"可通过的超级链接"。	[对一个具有非必要嵌入链接的字处理文件]仅内容。 [对一个重要属性类型"行为"]"可编辑的"。 [对一个重要属性类型"页宽"]210毫米。	[对一个具有嵌入图象的PDF,图象中线条的颜色决定线条的意思]颜色。 [对一个重要属性类型"外观"]颜色。
重复性	不可重复	不可重复	不可重复
必备性	可选	可选	可选
使用附注	如果使用:重要属性值所描述对象的一些重要属性,应该和与其配对的重要属性类型描述的方面、层面或属性有关。 如果不使用:重要属性值可能被用来自由地描述对象的任何特征。 重要属性值是不可重复的。多个重要属性应该在单独的,可重复的重要属性容器单元中予以描述。		

6.2.4.3 重要属性扩展

语义单元名称	重要属性扩展(significantPropertiesExtension)		
语义组分	外部定义		
定义	一个容器,包含在PREMIS外部定义的重要属性的语义单元。		
说明	可能需要代替或扩展PREMIS定义的单元。		
数据约束	容器		
对象类型	表现	文件	比特流
适用性	适用	适用	适用
重复性	可重复	可重复	可重复
必备性	可选	可选	可选
使用附注	这个语义单元的所有语义组分是可选的。如果包含该容器,则重要属性值和重要属性扩展中至少一个存在。 如果重要属性扩展容器需要明确关联PREMIS重要属性子单元,那么容器重要属性是可重复的。如果需要不同外部框架扩展,则重要属性也是可重复的。		

6.2.5 对象特征

语义单元名称	对象特征(objectCharacteristics)		
语义组分	组分级别(compositionLevel) 固定性(fixity) 大小(size) 格式(format) 创建程序(creatingApplication) 限制信息(inhibitors) 对象特征扩展(objectCharacteristicsExtension)		
定义	文件或比特流的技术属性。		
说明	存在一些重要技术属性适于任何格式的对象。详细的专有格式属性定义超出了本数据字典的范围,虽然这些属性可能包含在对象特征扩展中。		
数据约束	容器		
对象类型	表现	文件	比特流
适用性	不适用	适用	适用
重复性		可重复	可重复
必备性		必备	必备
使用附注	对象特征中的所有语义单元是适用于一个组分级别的一个对象的信息集合,对于两个或多个编码程序协作(比如压缩和加密)产生的对象,其对象特征可重复,每重复一次将增加一个组分级别。一个加密对象,其对象特征必须包含一个必备语义单元。文件内嵌的比特流的对象特征不同于文件的对象特征,如这些特征有助于对象保存,则需记录。 当一个单独文件与一个表现形式等价时,可采用对象特征并与表现形式相关联。在这种情况下,组成表现的文件和其他相关的文件可能用关系子类型表示。		

6.2.5.1 组分级别

语义单元名称	组分级别(compositionLevel)
语义组分	无
定义	说明数字对象是否依赖于一个或多个解码程序或拆装程序的指示性数值。
说明	一个文件或比特流可被压缩或加密,也可和其他的文件或比特流一起被封装成一个更大的文件包。系统如需恢复原始的数字对象,那么记录这些行为的先后顺序就是非常重要的。
数据约束	非负自然数

对象类型	表现	文件	比特流
适用性	不适用	适用	适用
范例		0 1 2	0 1 2
重复性		不可重复	不可重复
必备性		必备	必备
创建/维护附注	组分级别一般由系统自动赋予,对于保存系统创建的对象,其组分级别必须由创建程序记录并形成元数据;对于呈缴来的对象,系统须从对象中识别出其组分级别或从外部元数据中获取。		
使用附注	一个文件或比特流可依赖于多个编/解码程序。例如,文件 A 被压缩后形成文件 B,文件 B 被加密后形成文件 C。如果想恢复得到文件 A,首先需要将文件 C 解密形成文件 B,然后将文件 B 解压缩,从而得到文件 A。 组分级别"0",表示该对象是最基本的对象,不能再进行任何解码操作,组分级别 "1"和更高的组分级别,说明该对象需要一个或多个解码程序来恢复成基本对象。 组分级别排列从低到高,第一级为"0","0"级是基础级别。 如果系统仅有一个组分级别,那么"0"作为默认值。 当多个文件(作为文件流)被封装到一个文件包时(比如一个 ZIP 文件),每一个文件对象都不是一个文件包的组分级别,他们应该被认做是分开的不同的文件,每一个文件都有其组分级。比如,对于两个被加密的文件压缩成的一个 ZIP 文件,系统需要分开描述三个不同的文件,每一个文件附带其元数据。那两个加密的文件的存储位置需指向 ZIP 文件,但 ZIP 文件只能有一个组分级别 "0",它的格式是"zip"。		

6.2.5.2 固定性

语义单元名称	固定性(fixity)
语义组分	电文摘要算法(messageDigestAlgorithm) 电文摘要(messageDigest) 电文摘要创建者(messageDigestOriginator)
定义	用来校验一个数字对象在系统没记录或未授权的情况下是否被改变的信息。
数据约束	容器

续表

对象类型	表现	文件	比特流
适用性	不适用(参见使用附注)	适用	适用(参见使用附注)
重复性		可重复	可重复
必备性		可选	可选
创建/维护附注	由系统自动计算并记录。		
使用附注	比较在不同时间点由校验程序形成两个电文摘要,如果电文摘要相同,则说明在这一时间段内数字对象没有发生改变。建议使用两个或两个以上的算法进行电文摘要的校验。 系统将校验行为及其日期记录为一个事件,校验的结果需记录在事件结果(eventOutcome)。因此仅需将记录电文摘要算法和电文摘要作为对象特征记录下来。 表现:如一个表现仅包含一个文件,或者组成一个表现的所有文件被封装成一个大文件(如一个 zip 文件),则可对该表现进行固定性校验,因为固定性校验是针对一个文件的。 比特流:电文摘要也可针对比特流,这与文件有所不同。例如,JPX,它是 JPEG2000 格式,可把 MD5 或 SHA－1 针对比特流的电文摘要作为其内嵌元数据。		

6.2.5.2.1 电文摘要算法

语义单元名称	电文摘要算法(messageDigestAlgorithm)		
语义组分	无		
定义	用来处理数字对象生成电文摘要的专门的运算法则。		
数据约束	受控词表取值		
对象类型	表现	文件	比特流
适用性	不适用	适用	适用
范例		MD5 Adler-32 HAVAL SHA-1 SHA-256 SHA-384 SHA-512 TIGER WHIRLPOOL	
重复性		不可重复	不可重复
必备性		必备	必备

24

6.2.5.2.2　电文摘要

语义单元名称	电文摘要(messageDigest)		
语义组分	无		
定义	电文摘要算法的运算结果。		
说明	保存系统需记录电文摘要算法执行的结果,以便将来进行比对。		
数据约束	无		
对象类型	表现	文件	比特流
适用性	不适用	适用	适用
范例		7c9b35da4f2ebd436f 1cf88e5a39b3a257ed f4a22be3c955ac49da 2e2107b67a1924419 563	
重复性		不可重复	不可重复
必备性		必备	必备

6.2.5.2.3　电文摘要创建者

语义单元名称	电文摘要创建者(messageDigestOriginator)		
语义组分	无		
定义	创建原始电文摘要的代理(agent)。		
说明	保存系统可接受附带电文摘要的文件,通过比对系统就可知道接受的文件是否就是 　　被提交的文件。保存系统也可接受不附带电文摘要的文件,但须在接受文件时执 　　行校验算法生成初始的电文摘要。系统记录电文摘要的创建者有利于保存管理。		
数据约束	无		
对象类型	表现	文件	比特流
适用性	不适用	适用	适用
范例		DRS A0000978	
重复性		不可重复	不可重复
必备性		可选	可选
创建/维护附注	如果系统认定初始的电文摘要的运算是一个事件,这些信息可通过事件记录来获取。		
使用附注	电文摘要的创建者可由代表事件的字符串来表示(比如"DRS"代表保存系统), 　　也可由描述事件的指示符来表示(比如"A0000987"指向一个代理标识符值 　　(agentIdentifierValue))。		

6.2.5.3 大小

语义单元名称	大小(size)		
语义组分	无		
定义	文件或比特流的比特大小。		
说明	大小可用来确保对象被正确地获取,也可用来告知一个系统应用是否有足够的空间来移动或处理文件,也可用来计算保存的价格。		
数据约束	整数		
对象类型	表现	文件	比特流
适用性	不适用	适用	适用
范例		2038937	
重复性		不可重复	不可重复
必备性		可选	可选
创建/维护附注	由系统自动获取。		
使用附注	本语义单元定义后就没必要定义一个数据量单元,但在交换数据时,系统需要声明数据量信息,或确保数据量为双方可知。		

6.2.5.4 格式

语义单元名称	格式(format)		
语义组分	格式标记(formatDesignation) 格式注册中心(formatRegistry) 格式附注(formatNote)		
定义	它是用预定的规范组织文件或比特流的方式,是用来标记文件或比特流的标识。		
说明	对象保存工作需要知道对象格式的详细信息。准确的格式识别是最基本的,无论是通过格式名还是格式注册中心,格式识别均需提供足够的对象信息。		
数据约束	容器		
对象类型	表现	文件	比特流
适用性	不适用	适用	适用
重复性		可重复	可重复
必备性		必备	必备
创建/维护附注	系统需在接受文件或比特流时确定其格式,可直接从提交者提供的元数据来确定,也可从其文件扩展名来识别。 建议:系统尽可能地采用中立的方法,分析对象后确定其格式。如在接收对象时无法确定其格式,就需先将其格式记录为"未知",然后系统需尽量识别其格式,包括通过人工干预的方法来确定。		

26

使用附注	一个文件中的比特流可能具有不同于该文件的特征。例如,一个 LaTex 格式的比特流可嵌入一个 SGML 文件;多个使用不同色彩空间的图像,可嵌入一个 TIFF 文件。保存系统需要记录每一个文件的格式,如果系统能保存比特流格式,且系统采取单独处理比特流的策略,那么也必须记录比特流的格式。 虽然该语义单元是必选的,但它的语义组分都是可选的。如果包含该容器,则至少一个语义组分(例如,格式标记或格式注册中心)存在,或二者均有。如果语义组分(格式标记或格式注册中心)是可重复的,则整个格式容器是可重复的。这使得格式标记与特定的格式注册中心信息相关联。例如,如果无法确定精确的格式并记录了两个格式标记,则每个都分配了一个单独的格式容器。对于多个格式注册中心,格式容器也可能是可重复的。

6.2.5.4.1　格式标记

语义单元名称	格式标记(formatDesignation)		
语义组分	格式名称(formatName) 格式版本(formatVersion)		
定义	对象格式的标识。		
数据约束	容器		
对象类型	表现	文件	比特流
适用性	不适用	适用	适用
重复性		不可重复	不可重复
必备性		可选	可选
使用附注	系统必须记录格式标记或格式注册的二者之一。 专有格式(或格式简介)也需记录。一个保存系统(或格式注册中心)可使用由多部分组成的长格式名称(比如,"TIFF_GeoTIFF"和"WAVE_MPEG_BWF")来记录其专有特性。		

6.2.5.4.1.1　格式名称

语义单元名称	格式名称(formatName)		
语义组分	无		
定义	指示文件或比特流格式的名称。		
数据约束	受控词表取值		
对象类型	表现	文件	比特流
适用性	不适用	适用	适用

续表

范例		Text/sgml	LaTex
		image/tiff/geotiff	
		Adobe PDF	
		DES	
		PGP	
		base64	
		unknown	
重复性		不可重复	不可重复
必备性		必备	必备
使用附注	对于未确认的格式,格式名称可记作"未知"。		

6.2.5.4.1.2 格式版本

语义单元名称	格式版本(formatVersion)		
语义组分	无		
定义	格式的版本。		
说明	多数权威的格式名称列表不够详细,不能用来说明其版本,例如,MIME Media types。		
数据约束	无		
对象类型	表现	文件	比特流
适用性	不适用	适用	适用
范例		6.0	
		2003	
重复性		不可重复	不可重复
必备性		可选	可选
使用附注	如果一个格式具备版本信息,那么就需记录其格式版本。格式版本可是用阿拉伯数字排序的,也可用年代排序。		

6.2.5.4.2 格式注册中心

语义单元名称	格式注册中心(formatRegistry)
语义组分	格式注册中心名称(formatRegistryName)
	格式注册中心表(formatRegistryKey)
	格式注册中心功能(formatRegistryRole)
定义	通过参考一个格式注册中心中的条目,识别和/或提供格式的详细信息。

说明	如建立集中的格式注册中心,将为保存系统提供参考详细的格式信息的极好方式。		
数据约束	容器		
对象类型	表现	文件	比特流
适用性	不适用	适用	适用
重复性		不可重复	不可重复
必备性		可选	可选
使用附注	格式标记或格式注册中心,必须提供二者之一。 要实现数字资源的长期保存,需要开发和维护一批格式注册中心,还应建立基于网络的全球数字格式注册中心,实现格式信息的全球共享。 格式标记或至少一个格式注册中心实例是必需的。如果需要记录多个格式注册中心,那格式容器应该是可重复的,以包含每个格式注册中心信息。		

6.2.5.4.2.1 格式注册中心名称

语义单元名称	格式注册中心名称(formatRegistryName)		
语义组分	无		
定义	可资参考的格式注册中心的名称。		
数据约束	无		
对象类型	表现	文件	比特流
适用性	不适用	适用	适用
重复性		不可重复	不可重复
必备性		必备	必备
使用附注	它可是正式名称,也可是系统内部名称,或 URI。		

6.2.5.4.2.2 格式注册中心表

语义单元名称	格式注册中心表(formatRegistryKey)		
语义组分	无		
定义	一个格式注册中心中可供参考的具有唯一性的表。		
数据约束	无		
对象类型	表现	文件	比特流
适用性	不适用	适用	适用
重复性		不可重复	不可重复
必备性		必备	必备

6.2.5.4.2.3 格式注册中心功能

语义单元名称	格式注册中心功能(formatRegistryRole)		
语义组分	无		
定义	格式注册中心建立的目的及其所期望的应用。		
说明	一个文件格式可能被多个格式注册中心所收录。一个注册中心提供详细的规范说明,而另一个注册中心仅提供简介信息。如果保存系统需记录多个注册中心,这个语义单元可用来加以区分。		
数据约束	受控词表取值		
对象类型	表现	文件	比特流
适用性	不适用	适用	适用
范例		规范验证文件	
重复性		不可重复	不可重复
必备性		可选	可选

6.2.5.4.3 格式附注

语义单元名称	格式附注(formatNote)		
语义组分	无		
定义	格式的附加信息。		
说明	可能需要一些验证信息,以支持格式标记和注册信息,或记录识别状态。		
数据约束	无		
对象类型	表现	文件	比特流
适用性	不适用	适用	适用
范例		暂时的(tentative) 识别(identification) 分离(disjunction) 多种格式(multiple format) 识别发现(identifications found)	
重复性		可重复	可重复
必备性		可选	可选
使用附注	格式标记可以包含自由文本,参考指针,或一个受控词表值。		

6.2.5.5 创建程序

语义单元名称	创建程序(creatingApplication)		
语义组分	创建程序名称(creatingApplicationName) 创建程序版本(creatingApplicationVersion) 创建日期(dateCreatedByApplication) 创建程度扩展(creatingApplicationExtension)		
定义	创建数字对象的应用程序的信息。		
说明	创建程序的版本和创建日期等信息,对系统解决问题是有用的。例如,某些版本的软件会带来格式转变错误或产生衍生数据。 确定有哪些数字对象渲染软件非常重要。例如,如果你知道蒸馏程序创建了PDF文件,就会知道它能与Adobe Reader渲染(通过其他程序)。		
数据约束	容器		
对象类型	表现	文件	比特流
适用性	不适用	适用	适用
重复性		可重复	可重复
必备性		可选	可选
创建/维护附注	如果对象是由系统创建的,创建程序信息需由系统直接赋予。如果对象是在系统外创建的,那么创建程序信息应该由提交者提供。系统也可以从对象文件中萃取创建程序信息,因为创建程序的名称经常是内嵌在文件中的。		
使用附注	本语义单元既适用于系统外创建的对象,也适用于系统内创建的对象(比如通过迁移)。 创建程序是可重复的,如果多个程序处理了对象,例如,一个Microsoft Word的doc文件被Adobe Acrobat转化成PDF文件,需同时记录Word和Acrobat的详细信息。如果系统同时保存这两个对象,每一个对象都应该作为一个对象实体来描述,并通过关联信息中的关系类型(relationshipType)的"derivation"来实现关联。 本语义单元可重复,可用来记录对象被提交前的创建程序,也可以用来记录收缴过程中使用的创建程序。比如,一个HTML文件在提交到系统前是由Dreamweaver创建的,由网络蜘蛛Heritrix收割并形成一个网页快照,而这一过程是收缴过程的一部分。 这里仅提供创建程序的最基本的信息,可仿照环境语义单元来设计。每个保存系统可不必本地记录这些信息,最好是建立一个类似格式或环境的注册中心。		

6.2.5.5.1 创建程序名称

语义单元名称	创建程序名称（creatingApplicationName）		
语义组分	无		
定义	创建数字对象的软件程序的名称。		
数据约束	无		
对象类型	表现	文件	比特流
适用性	不适用	适用	适用
范例		MSWord	
重复性		可重复	可重复
必备性		可选	可选
使用附注	创建程序是创建当前格式的数字对象的程序,不是创建对象的保存本的程序。比如,如果一个由 Microsoft Word 创建的文件,后来被收缴程序复制到保存系统,这个对象的创建程序是 Word,而不是收缴程序。		

6.2.5.5.2 创建程序版本

语义单元名称	创建程序版本（creatingApplicationVersion）		
语义组分	无		
定义	用于创建对象的软件程序的版本。		
数据约束	无		
对象类型	表现	文件	比特流
适用性	不适用	适用	适用
范例		2000	1.4
重复性		不可重复	不可重复
必备性		可选	可选

6.2.5.5.3 创建日期

语义单元名称	创建日期（dateCreatedByApplication）		
语义组分	无		
定义	对象被创建的实际日期或近似日期。		
数据约束	为了辅助机器处理,取值应该采用结构化的形式。		
对象类型	表现	文件	比特流
适用性	不适用	适用	适用
范例		2000 – 12 – 01 20030223T151047	

重复性		不可重复	不可重复
必备性		可选	可选
使用附注	建议使用精确的日期。 这是对象被创建时的日期,不是对象被复制(含系统外复制或系统内复制)的日期。例如,一个 2001 年创建的 Microsoft Word 文件和 2003 年的两个复本,这三个文件的创建日期都是 2001。文件被读入系统的日期可被记录为一个事件。 如果对象本身已内嵌创建日期和修改日期,那么需认定修改日期为创建日期。 如果创建程序是网页爬虫(在某一时间自动收割网页的程序),则需使用收割日期作为创建日期。		

6.2.5.5.4 创建程序扩展

语义单元名称	创建程序扩展(creatingApplicationExtension)		
语义组分	外部定义		
定义	使用 PREMIS 外部定义的语义单元的创建程序信息。		
说明	可能需要代替或扩展 PREMIS 定义的单元。		
数据约束	容器		
对象类型	表现	文件	比特流
适用性	不适用	适用	适用
重复性		可重复	可重复
必备性		可选	可选
使用附注	为了更广泛地使用外部定义语义单元,需要进行扩展。本地语义单元或元数据使用另一种特定元数据框架,代替或补充了本数据字典定义的语义单元。当使用外部定义的框架时,必须给出这个框架的介绍。 如果创建程序扩展容器需要明确关联本数据字典子单元,那么容器创建程序是可重复的。如果需要不同外部框架扩展,则创建程序也是可重复的。		

6.2.5.6 限制信息

语义单元名称	限制信息(inhibitors)
语义组分	限制类型(inhibitorType) 限制目标(inhibitorTarget) 限制口令(inhibitorKey)
定义	对象所规定的访问、使用或迁移的限制信息。
说明	格式可说明一个文件是否是加密的,但加密状态及访问口令也必须得到记录。

数据约束	容器		
对象类型	表现	文件	比特流
适用性	不适用	适用	适用
重复性		可重复	可重复
必备性		可选	可选
创建/维护附注	限制信息由系统在接收对象时获取,并不是由系统自动提取。一般来讲,不能通过分解一个文件来断定其是否被加密,因为文件可能是 ASCII 文本。因此,限制信息应由提交者作为对象元数据的语义单元,在提交时和对象一起提供。		
使用附注	一些文件格式允许内嵌加密的比特流; 一些文件格式,比如 PDF,使用密码来控制其访问或一些特殊功能。虽然实际上是在比特流层起作用的,但为有效进行保存管理,需在文件层进行记录,也就是说,无需记录比特流的访问密码。 对于某些限制口令,需要更小的粒度,如果限制口令和数字签名中的口令是一样的,就可以使用那个语义单元。		

6.2.5.6.1 限制类型

语义单元名称	限制类型(inhibitorType)		
语义组分	无		
定义	限制所采用的方法。		
数据约束	受控词表取值		
对象类型	表现	文件	比特流
适用性	不适用	适用	适用
范例		DES PGP Blowfish Password protection	
重复性		不可重复	不可重复
必备性		必备	必备
使用附注	通用的限制类型是加密和密码保护。对于一个被加密的对象,系统应记录其加密类型。		

6.2.5.6.2 限制目标

语义单元名称	限制目标(inhibitorTarget)		
语义组分	无		
定义	限制所保护的内容和功能。		
数据约束	受控词表取值		
对象类型	表现	文件	比特流
适用性	不适用	适用	适用
范例		All content Function：Play Function：Print	
重复性		可重复	可重复
必备性		可选	可选
使用附注	如果系统没提供限制目标,可认为限制目标是对象内容。		

6.2.5.6.3 限制口令

语义单元名称	限制口令(inhibitorKey)		
语义组分	无		
定义	加密口令或密码。		
数据约束	无		
对象类型	表现	文件	比特流
适用性	不适用	适用	适用
范例		［DES decryptionkey］	
重复性		不可重复	不可重复
必备性		可选	可选
使用附注	如限制口令可知,系统需记录该口令,但不能将纯文本形式的限制口令保存在一个不安全的数据库中。		

6.2.5.7 对象特征扩展

语义单元名称	对象特征扩展(objectCharacteristicsExtension)		
语义组分	外部定义		
定义	使用PREMIS外部定义的语义单元。		
说明	可能需要扩展PREMIS定义的单元。		
数据约束	容器		
对象	表现	文件	比特流
适用性	不适用	适用	适用

续表

重复性		可重复	可重复
必备性		可选	可选
使用附注	为了更广泛地使用外部定义语义单元,需要进行扩展。本地语义单元或元数据使用另一种特定元数据框架,代替或补充了本数据字典定义的语义单元。当使用外部定义的框架时,必须给出这个框架的介绍。 对象特征扩展被用于本数据字典中没涉及的附加对象特征,例如外部定义的专有格式元数据。但它未代替本数据字典中定义的单元。 如果对象特征扩展容器需要明确关联 PREMIS 子单元,那么容器对象特征是可重复的。如果需要不同外部框架扩展,则对象特征也是可重复的。		

6.2.6 原始文件名称

语义单元名称	原始文件名称(originalName)		
语义组分	无		
定义	对象在被提交或收割到保存系统前的文件名称。		
说明	被系统保存的对象的名称不一定被系统外熟知,提交者可能使用原文件名请求之,系统需要重建内部链接以便文件传递给用户。		
数据约束	无		
对象类型	表现	文件	比特流
适用性	适用	适用	不适用
范例		N419. pdf	
重复性	不可重复	不可重复	
必备性	可选	可选	
创建/维护附注	一般由提交者提供或由收割程序确定,但文件路径的确定由系统来确定。		
使用附注	原始文件名称是 SIP 中的文件名称,文件可在不同的语境中拥有其他的名称。 当两个保存系统交换内容时,接收系统应该知道并记录该表现形式在原始系统中的名字。如果交换的是表现形式,那可能需记录一个目录名。		

6.2.7 存储

语义单元名称	存储(storage)
语义组分	内容位置(contentLocation) 存储载体(storageMedium)
定义	关于文件的存储和存储位置的信息。

说明	保存系统需要将内容位置(contentLocation)和存储载体(storageMedium)进行关联。		
数据约束	容器		
对象类型	表现	文件	比特流
适用性	不适用	适用	适用
重复性		可重复	可重复
必备性		必备	必备
使用附注	一般来讲,一个文件只有一个存储位置和一种存储载体,位置不同的数字对象是两个不同的对象。如果一个对象的两个或多个复本被作为一个单体来管理,那么存储语义组分就需重复使用。他们只能有一个对象标识符,并作为一个对象由系统管理。 虽然该语义单元是必选的,但它的语义组分是可选的。至少要有一个语义组分存在(例如,内容位置或存储载体),或两个语义组分都存在。		

6.2.7.1　内容位置

语义单元名称	内容位置(contentLocation)		
语义组分	内容位置类型(contentLocationType) 内容位置值(contentLocationValue)		
定义	从保存系统中提取文件,或对文件中比特流进行存取时所需的信息。		
数据约束	容器		
对象类型	表现	文件	比特流
适用性	不适用	适用	适用
重复性		不可重复	不可重复
必备性		可选	可选
创建/维护附注	保存系统不能对所管理的内容失去控制,保存系统需要通过程序来分配内容位置。		
使用附注	如果保存系统使用对象标识符作为提取数据的句柄,则内容位置是潜在的,系统无需记录。		

6.2.7.1.1　内容位置类型

语义单元名称	内容位置类型(contentLocationType)
语义组分	无
定义	参考内容位置的方式。
说明	系统要知道内容位置的值,首先需知道对象保存使用的位置方案。
数据约束	受控词表取值。

对象类型	表现	文件	比特流
适用性	不适用	适用	适用
范例		URI hdl NTFS EXT3	byte offset
重复性		不可重复	不可重复
必备性		必备	必备

6.2.7.1.2 内容位置值

语义单元名称	内容位置值(contentLocationValue)		
语义组分	无		
定义	参考内容位置的取值。		
说明	系统要知道内容位置的值,首先需知道对象保存使用的位置方案。		
数据约束	无		
对象类型	表现	文件	比特流
适用性	不适用	适用	适用
重复性		不可重复	不可重复
必备性		必备	必备
使用附注	它可是完全可靠的路径和文件名,也可是解析系统或存储管理系统中的信息。对比特流或文件流来说,它可能是参考点和比特流的偏移量。保存系统应该决定记录的粒度大小。		

6.2.7.2 存储载体

语义单元名称	存储载体(storageMedium)		
语义组分	无		
定义	存储数字对象的物理载体。例如,磁带、硬盘、CD-ROM、DVD 等。		
说明	保存系统需知道对象存储的载体,以便于决策何时如何进行载体更新和载体迁移。		
数据约束	受控词表取值。		
对象类型	表现	文件	比特流
适用性	不适用	适用	适用
范例		Magnetic tape Hard disk TSM	Magnetic tape Hard disk TSM

重复性		不可重复	不可重复
必备性		可选	可选
使用附注	虽然某些情况下,存储载体可由存储管理系统管理,但保存系统强调控制,而且还需管理技术退化。 某些情况下,它不是某一个专门载体,而是由系统定义的载体,比如 Tivoli Storage Manager(TSM)。 了解存储载体是触发保存动作的内部需求。然而,由于它并非用于交换目的,所以是可选的。		

6.2.8　环境

语义单元名称	环境(environment)		
语义组分	环境性质(environmentCharacteristic) 环境目的(environmentPurpose) 环境附注(environmentNote) 从属对象信息(dependency) 软件环境(software) 硬件环境(hardware) 环境扩展(environmentExtension)		
定义	数字对象的显示/利用所需的软硬/件环境。		
说明	环境是用户和数字内容交互的手段和方法。数字内容离开了其存在的环境将失去作用。		
数据约束	容器		
对象类型	表现	文件	比特流
适用性	适用	适用	适用
重复性	可重复	可重复	可重复
必备性	可选	可选	可选
创建/维护附注	如保存系统仅采取比特级的保存策略,则可省略环境信息。 建议像格式注册中心那样建立一个环境信息的注册中心。 如果每一个对象所需的环境和由其构成的表现所需的环境相同,则系统不必保存每一个对象的环境信息,可通过建立兼容机制实现。		
使用附注	这个语义单元的语义组分都是可选的。如果包含该容器,则至少存在一个语义组分(例如,环境附注、从属对象信息、软件环境、硬件环境和/或环境扩展)。		

6.2.8.1 环境性质

语义单元名称	环境性质(environmentCharacteristic)		
语义组分	无		
定义	环境的特征,说明在此环境下对象实现其功能的范围。		
说明	如果存在多个环境,这一语义单元可用来加以区分。		
数据约束	受控词表取值		
对象类型	表现	文件	比特流
适用性	适用	适用	适用
范例	不明(unspecified) 最小环境(minimum)	不明(unspecified) 最小环境(minimum)	
重复性	不可重复	不可重复	不可重复
必备性	可选	可选	可选
创建/维护附注	它需由提交者或系统提供,如果软件信息和硬件信息取自于一个环境注册中心, 　　环境特征(environmentCharacteristic)也需取自同一注册中心。 注意:不同保存系统中的"建议(recommended)"包含不同的定义。		
使用附注	建议取值: 不明:系统无法提供环境。 工作环境:在此环境下对象可被组织和利用。 最小环境:保存系统组织对象所需的最低环境。 建议环境:利用对象时系统建议的环境。 如果环境特征既是最小环境又是推荐环境,则使用推荐环境。 工作环境表示支持对象利用的环境,但保存系统无法获知是否该环境是最小环 　　境还是建议环境。		

6.2.8.2 环境目的

语义单元名称	环境目的(environmentPurpose)		
语义组分	无		
定义	某一环境所支持的对象利用的方式。		
说明	不同的环境所支持的对象的应用方式是不同的,例如,一个文件的编辑修改环境 　　和其阅读显示环境是不同的。		
数据约束	受控词表取值。		
对象类型	表现	文件	比特流
适用性	适用	适用	适用
重复性	可重复	可重复	可重复
必备性	可选	可选	可选

创建/维护附注	它需由提供软件和硬件环境的代理提供,可是提交者、保存系统或者环境注册中心。		
使用附注	基础建议为: 阅读 修改 本语义单元需要扩展,其他的取值需体现转换、打印、操作等。		

6.2.8.3 环境附注

语义单元名称	环境附注(environmentNote)		
语义组分	无		
定义	关于环境的附加信息。		
说明	有时需要以文字描述的形式对环境进行进一步说明。		
数据约束	无		
对象类型	表现	文件	比特流
适用性	适用	适用	适用
范例		该环境假定 PDF 本地存储并使用独立的 PDF 阅读器	
重复性	可重复	可重复	可重复
必备性	可选	可选	可选
使用附注	它可用来记录环境信息的上下文。比如,如果一个文件可通过一个电脑终端的应用程序或具备插件的浏览器再现,它可用来确定所适合的情形。 这个附注不能用来描述被其他语义单元进行了严格定义的信息。		

6.2.8.4 从属对象信息

语义单元名称	从属对象信息(dependency)		
语义组分	从属对象名称(dependencyName) 从属对象标识符(dependencyIdentifier)		
定义	数字对象的非软件型从属部分的信息,或为了使用或阅读表现或文件所需的关联文件的信息,例如,schema、DTD 或实体文件声明。		
数据约束	容器		
对象类型	表现	文件	比特流
适用性	适用	适用	适用
重复性	可重复	可重复	可重复

续表

必备性	可选	可选	可选
创建/维护附注	建议保存系统保存那些被其他的对象所依赖的对象。这既可由提交者作为原始对象提交,也可由系统自动获取。例如,一个 markup 文件通常会链接到其他的对象,例如 DTDs 或 XML Schema,这些对象可通过链接来标识并可被系统下载。		
使用附注	本语义单元是为了文件或表现应用时必须的其他对象而设计的,并非为必须的软件或硬件而设计的,它也可用来描述一个数字对象的非执行性的从属部分,例如字体或样式表。对于那些所需的软件,参见软件附件(swDependency)。 本语义单元不包含结构关系所需的对象,例如,子内容对象(一篇文章中的图片),这需要使用结构的关系类型(relationshipType),记录在关系语义单元里。 从属对象可保存在系统内,也可保存在系统外。		

6.2.8.4.1 从属对象名称

语义单元名称	从属对象名称(dependencyName)		
语义组分	无		
定义	一个文件或表现的从属部分的名称,或其关联文件的名称。		
说明	仅通过从属对象标识符不能证明从属对象的名称。		
数据约束	无		
对象类型	表现	文件	比特流
适用性	适用	适用	适用
重复性	可重复	可重复	可重复
必备性	可选	可选	可选

6.2.8.4.2 从属对象标识符

语义单元名称	从属对象标识符(dependencyIdentifier)		
语义组分	从属对象标识符类型(dependencyIdentifierType) 从属对象标识符值(dependencyIdentifierValue)		
定义	用来标识一个从属资源的唯一性的标识符号。		
数据约束	容器		
对象类型	表现	文件	比特流
适用性	适用	适用	适用
重复性	可重复	可重复	可重复
必备性	可选	可选	可选
使用附注	保存系统中的从属对象标识符(dependencyIdentifier)必须是唯一的,但不一定是全球唯一的。		

6.2.8.4.2.1 从属对象标识符类型

语义单元名称	从属对象标识符类型(dependencyIdentifierType)		
语义组分	无		
定义	用以确保从属对象标识符具备唯一性的标识域。		
数据约束	受控词表取值		
对象类型	表现	文件	比特流
适用性	适用	适用	适用
范例		URI	
重复性	不可重复	不可重复	不可重复
必备性	必备	必备	必备
使用附注	保存系统需知道从属对象标识符的类型和值,如果从属对象标识符值本身包含其类型,则系统没必要记录标识符类型,同样如果一个保存系统仅定义一种类型的标识符,其类型是潜在的,系统也没必要记录。		

6.2.8.4.2.2 从属对象标识符值

语义单元名称	从属对象标识符值(dependencyIdentifierValue)		
语义组分	无		
定义	从属对象标识符的取值。		
数据约束	无		
对象类型	表现	文件	比特流
适用性	适用	适用	适用
重复性	不可重复	不可重复	不可重复
必备性	必备	必备	必备

6.2.8.5 软件环境

语义单元名称	软件环境(software)		
语义组分	软件名称(swName) 软件版本(swVersion) 软件类型(swType) 软件其他信息(swOtherInformation) 软件附件(swDependency)		
定义	用来显示或使用数字对象的软件。		
数据约束	容器		
对象类型	表现	文件	比特流

续表

适用性	适用	适用	适用
重复性	可重复	可重复	可重复
必备性	可选	可选	可选
创建/维护附注	如果详细记录软件信息,就需要记录很多软件环境,比如,一个 PDF 文件可在多个版本的多种应用程序,可在不同的操作系统下显示。虽然,系统至少需要记录一个软件环境,但系统没必要记录全部软件环境,保存系统可选择记录什么软件环境。 对于环境来讲,格式注册中心(系统内或系统外)可保证元数据得到有效管理。鉴于目前尚无全球软件注册机制,保存系统不得不开发自用的格式和软件环境注册中心。		

6.2.8.5.1 软件名称

语义单元名称	软件名称(swName)		
语义组分	无		
定义	软件程序的厂商和名称。		
数据约束	无		
对象类型	表现	文件	比特流
适用性	适用	适用	适用
范例	Sybase	Adobe Photoshop Adobe Acrobat Reader	
重复性	不可重复	不可重复	不开重复
必备性	必备	必备	必备
使用附注	系统需尽量记录厂商和名称以消除软件名的歧义。例如,使用"Adobe Photoshop"代替"Photoshop"。		

6.2.8.5.2 软件版本

语义单元名称	软件版本(swVersion)		
语义组分	无		
定义	软件的版本信息。		
数据约束	无		
对象类型	表现	文件	比特流
适用性	适用	适用	适用

范例		> = 2.2.0 6.0 2000	
重复性	不可重复	不可重复	不可重复
必备性	可选	可选	可选
使用附注	如软件没有正式版本,可用颁布日期代之。		

6.2.8.5.3 软件类型

语义单元名称	软件类型(swType)		
语义组分	无		
定义	软件的种类或类型。		
说明	数字对象的应用需要用多种不同层次的软件。		
数据约束	受控词表取值		
对象类型	表现	文件	比特流
适用性	适用	适用	适用
重复性	不可重复	不可重复	不可重复
必备性	必备	必备	必备
使用附注	建议取值: 　显示软件:可显示、播放、执行某种格式的数字对象的程序,例如,图像浏览器、 　　视频播放器、Java 虚拟器。 　辅助软件:数字对象所需的辅助软件,例如,浏览器插件、压缩/解压缩程序等。 　操作系统软件:支持应用执行、处理进程安排、存储管理、文件系统的软件。 　驱动程序软件:实现硬件和操作系统以及其他软件之间通讯功能的软件。		

6.2.8.5.4 软件其他信息

语义单元名称	软件其他信息(swOtherInformation)		
语义组分	无		
定义	软件的辅助需求或安装说明。		
数据约束	无		
对象类型	表现	文件	比特流
适用性	适用	适用	适用

续表

范例		先安装 Acroread（Adobe Acrobat；复制 nppdf. so（插件）到 Mozilla 插件目录,并确保路径中有的复制（或链接）。	
重复性	可重复	可重复	可重复
必备性	可选	可选	可选
使用附注	它是可信赖的永久标识符,或指向保存系统内/外的软件说明的 URI。		

6.2.8.5.5 软件附件

语义单元名称	软件附件(swDependency)		
语义组分	无		
定义	数字对象应用所需软件的组件的名称或版本。		
数据约束	无		
对象类型	表现	文件	比特流
适用性	适用	适用	适用
范例		GNU gcc > = 2. 7. 2	
重复性	可重复	可重复	可重复
必备性	可选	可选	可选
使用附注	本语义单元的内容构造需与软件名称(swName)和软件版本(swVersion)的构造一致。本语义单元用来标识软件所需的附件,例如,一段 Perl 脚本需依赖于一个 Perl 模块,此时 Perl 脚本需记录到软件名称(swName),而 Perl 模块记录在本语义单元内。		

6.2.8.6 硬件环境

语义单元名称	硬件环境(hardware)		
语义组分	硬件名称(hwName) 硬件类型(hwType) 硬件其他信息(hwOtherInformation)		
定义	软件应用所需的硬件或用户(人)的信息。		
数据约束	容器		
对象类型	表现	文件	比特流
适用性	适用	适用	适用

重复性	可重复	可重复	可重复
必备性	可选	可选	可选
创建/维护附注	硬件信息很难提供,且存在很多硬件环境。CPU、内存、驱动器等有大量的厂商和类型。虽然系统需记录至少一个硬件环境,但没必要全部记录,每个保存系统可选择需记录的硬件环境。由于记录硬件信息的复杂性和高难度,最佳方案是建立一个集中的硬件信息注册中心。因为多数情况下,对象的硬件信息直接与其格式相关,这就需要注册中心提供按照格式的查询机制。因为目前尚不存在一个全球注册中心,保存系统不得不开发本地的注册中心,以实现格式和硬件环境(hwEnvironment)的关联。		

6.2.8.6.1 硬件名称

语义单元名称	硬件名称(hwName)		
语义组分	无		
定义	硬件的厂商、模型和版本信息。		
数据约束	无		
对象类型	表现	文件	比特流
适用性	适用	适用	适用
范例		Intel Pentium III 1 GB DRAM Windows XPcompatible joystick	
重复性	不可重复	不可重复	不可重复
必备性	必备	必备	必备
使用附注	可记录硬件的厂商,来帮助识别和区分硬件。 可记录固件(具有软件功能的硬件)的版本或其他构件信息。		

6.2.8.6.2 硬件类型

语义单元名称	硬件类型(hwType)		
语义组分	无		
定义	硬件的种类或类型。		
数据约束	受控词表取值		
对象类型	表现	文件	比特流
适用性	适用	适用	适用

重复性	不可重复	不可重复	不可重复
必备性	必备	必备	必备
使用附注	建议取值: 处理器 内存 输入/输出设备 存储器		

6.2.8.6.3　硬件其他信息

语义单元名称	硬件其他信息(hwOtherInformation)		
语义组分	无		
定义	硬件的附加需求或使用说明。		
说明	对硬件来讲,除了记录对象所需的计算资源(如,内存、存储空间、处理器速度等) 外,还需记录硬件的安装和/或运行的详细信息。		
数据约束	无		
对象类型	表现	文件	比特流
适用性	适用	适用	适用
范例	最小 32MB	最小 32MB Apache 所需 RAM 未知	
重复性	可重复	可重复	可重复
必备性	可选	可选	可选
使用附注	它是一个标识符,或指向系统内/外的硬件说明的 URI。		

6.2.8.7　环境扩展

语义单元名称	环境扩展(environmentExtension)		
语义组分	外部定义		
定义	使用 PREMIS 外部定义的语义单元。		
说明	可能需要代替或扩展 PREMIS 定义的单元。		
数据约束	容器		
对象类型	表现	文件	比特流
适用性	适用	适用	适用
范例			
重复性	可重复	可重复	可重复

必备性	可选	可选	可选
使用附注	为了更广泛地使用外部定义语义单元,需要进行扩展。本地语义单元或元数据使用另一种特定元数据框架,代替或补充了PREMIS定义的语义单元。当使用外部定义的框架时,必须给出这个框架的介绍。 如果环境扩展容器需要明确关联PREMIS子单元,那么容器环境是可重复的。如果需要不同外部框架扩展,则环境也是可重复的。		

6.2.9 签名信息

语义单元名称	签名信息(signatureInformation)		
语义组分	签名(signature) 签名信息扩展(signatureInformationExtension)		
定义	一个PREMIS定义或外部定义的数字签名信息的容器,用来认证对象和/或对象内的信息的签名者。		
说明	保存系统可在收缴对象时为其附加数字签名,也需要存储并确认数字签名。		
数据约束	容器		
对象类型	表现	文件	比特流
适用性	不适用	适用	适用
重复性		可重复	可重复
必备性		可选	可选
使用附注	本语义单元的部分修饰词取自W3C的《XML签名语法和处理》(XML-Signature Syntax and Processing),参见www.w3.org/TR/2002/REC-xmldsig-core-20020212/。 可能使用签名或签名信息扩展。最好使用具有W3C的《XML签名语法和处理》(www.w3.org/TR/2002/RECxmldsig-core-20020212/)框架的签名信息扩展。		

6.2.9.1 签名

语义单元名称	签名(signature)
语义组分	签名编码(signatureEncoding) 签名人(signer) 签名方法(signatureMethod) 签名值(signatureValue) 签名确认规则(signatureValidationRules) 签名属性(signature Properties) 密码信息(keyInformation)

续表

定义	通过数字签名鉴别对象签名人和/或数字对象内容的信息。		
说明	保存系统可在收缴对象时为其附加数字签名,也需要存储并确认数字签名。		
数据约束	容器		
对象类型	表现	文件	比特流
适用性	不适用	适用	适用
重复性		可重复	可重复
必备性		可选	可选
使用附注	本语义单元的部分修饰词取自 W3C 的《XML 签名语法和处理》(XML-Signature Syntax and Processing),参见 www. w3. org/TR/2002/REC-xmldsig-core-20020212/。		

6.2.9.1.1 签名编码

语义单元名称	签名编码(signatureEncoding)		
语义组分	无		
定义	签名值(signatureValue)、密码信息(keyInformation)的编码规则。		
说明	如无法获知编码规则,这些取值将无法被准确翻译。		
数据约束	受控词表取值		
对象类型	表现	文件	比特流
适用性	不适用	适用	适用
范例		Base64 Ds:CrytoBinary	
重复性		不可重复	不可重复
必备性		必备	必备

6.2.9.1.2 签名人

语义单元名称	签名人(signer)		
语义组分	无		
定义	负责数字签名的个人、机构或其他权威者。		
说明	签名人也可记录在密码信息(keyInformation),但记录在此,可更加方便地存取和使用。		
数据约束	无		
对象类型	表现	文件	比特流
适用性	不适用	适用	适用
重复性		不可重复	不可重复
必备性		可选	可选
使用附注	如果签名人是保存系统所知的代理,在此可记录代理标识符(agentIdentifier)。		

6.2.9.1.3 签名方法

语义单元名称	签名方法（signatureMethod）		
语义组分	无		
定义	创建签名的算法和 hash 算法。		
说明	需采同签名确认相同的算法。		
数据约束	受控词表取值		
对象类型	表现	文件	比特流
适用性	不适用	适用	适用
范例		DSA-SHA1	
		RSA-SHA1	
重复性		不可重复	不可重复
必备性		必备	必备
使用附注	建议:首先对加密算法进行编码,插入一个连字号,然后记录 hash 算法(电文摘要)。		

6.2.9.1.4 签名值

语义单元名称	签名值（signatureValue）		
语义组分	无		
定义	数字签名的取值,将隐私密码输入程序后产生的电文摘要。		
数据约束	无		
对象类型	表现	文件	比特流
适用性	不适用	适用	适用
范例		juS5RhJ884qoFR 8flVXd/rbrSDVGn 40CapgB7qeQiT + rr0NekEQ6BHh UA8dT3 + BCTBU QI0dBjlml9lwzEN XvS83zRECjzXb MRTUtVZiPZG2p qKPnL2YU3A964 5UCjTXU + jgFum v7k78hieAGDzNc i + PQ9KRmm//icT 7JaYztgt4 =	
重复性		不可重复	不可重复
必备性		必备	必备

6.2.9.1.5 签名确认规则

语义单元名称	签名确认规则(signatureValidationRules)		
语义组分	无		
定义	签名确认的执行过程的操作规则。 执行该操作的目的是确认数字签名。		
说明	保存系统无法保证不作记录,签名确认的程序长久可知并有效。		
数据约束	无		
对象类型	表现	文件	比特流
适用性	不适用	适用	适用
重复性		不可重复	不可重复
必备性		必备	必备
使用附注	如果对象在签名之前被标准化,则包括计算电文摘要之前使用的规范的方法。 它也可是一个指向存档文件的指针。		

6.2.9.1.6 签名属性

语义单元名称	签名属性(signatureProperties)		
语义组分	无		
定义	关于数字签名产生过程的附加信息。		
数据约束	无		
对象类型	表现	文件	比特流
适用性	不适用	适用	适用
重复性		可重复	可重复
必备性		可选	可选
使用附注	它包括数字签名签署的时间/日期,加密硬件的序列号,以及其他关于签名签署的信息。保存系统需定义一个签名属性的结构。		

6.2.9.1.7 密码信息

语义单元名称	密码信息(keyInformation)
语义组分	可扩展容器
定义	验证数字签名所需的签名人发布的公共密码信息。
说明	验证对象的数字签名时,首先需重新计算对象的电文摘要,然后使用签名人的公共密码来校验签名值(signatureValue)的正确性。保存系统需获知公共密码,并确保其属于签名人。
数据约束	容器

对象类型	表现	文件	比特流
适用性	不适用	适用	适用
重复性		不可重复	不可重复
必备性		可选	可选
使用附注	不同类型的密码有不同的结构和参数。PREMIS 没有定义该容器的结构。建议表示密码值时,参考 W3C 的《XML 签名语法和处理》(www. w3. org/TR/2002/REC-xmldsig-core-20020212/)中定义的"KeyInfo"。		

6.2.9.2 签名信息扩展

语义单元名称	签名信息扩展(signatureInformationExtension)		
语义组分	外部定义		
定义	使用 PREMIS 外部定义的语义单元。		
说明	可能需要代替或扩展 PREMIS 定义的单元。		
数据约束	容器		
对象类型	表现	文件	比特流
适用性	不适用	适用	适用
重复性		可重复	可重复
必备性		可选	可选
使用附注	为了更广泛地使用外部定义语义单元,需要进行扩展。本地语义单元或元数据使用另一种特定元数据框架,代替或补充了 PREMIS 定义的语义单元。当使用外部定义的框架时,必须给出这个框架的介绍。 如果签名信息扩展容器需要明确关联 PREMIS 子单元,那么容器签名信息是可重复的。如果需要不同外部框架扩展,则签名信息也是可重复的。 如果适用,推荐使用 W3C 的《XML 签名语法和处理》(www. w3. org/TR/2002/REC-xmldsig-core-20020212/)。		

6.2.10 关系信息

语义单元名称	关系信息(relationship)
语义组分	关系类型(relationshipType) 关系子类型(relationshipSubType) 关联对象标识信息(relatedObjectIdentification) 关联事件标识信息(relatedEventIdentification)

续表

定义	一个数字对象和其他数字对象的关系信息。		
说明	保存系统需知道如何将对象的各组成部分(结构关系)进行数字溯源后,回复成复杂的数字对象。记录数字对象的关系是实现这一目标的基本要求。		
数据约束	容器		
对象类型	表现	文件	比特流
适用性	适用	适用	适用
重复性	可重复	可重复	可重复
必备性	可选	可选	可选
使用附注	大多数保存系统需记录所有数字对象的关联信息。 在复杂场景中,PREMIS未必能表达足够丰富的结构关系,以作为结构元数据的唯一来源。 多数表现结构信息的格式都可用来代替在此定义的语义单元。这些信息必须可获知。 文件层次的结构关系在重构一个表现时是必要的,用以实现表现的应用。 表现层次的结构关系也是表现显示或应用所需的。 比特流层次的结构关系可将一个文件内的多个比特流关联起来。 文件和表现层次的关系对于记录数字源流是非常重要的。		

6.2.10.1 关系类型

语义单元名称	关系类型(relationshipType)		
语义组分	无		
定义	关系性质的高级分类信息。		
数据约束	受控词表取值		
对象类型	表现	文件	比特流
适用性	适用	适用	适用
重复性	不可重复	不可重复	不可重复
必备性	必备	必备	必备

使用附注	建议取值:
	  结构:数字对象的各个组成部分的关系类型;
	  源流:数字对象与其关联对象的关系类型。
	保存系统还需定义其他的关系类型。		

6.2.10.2　关系子类型

语义单元名称	关系子类型(relationshipSubType)		
语义组分	无		
定义	关系类型所定义的类型的细分。		
数据约束	受控词表取值		
对象类型	表现	文件	比特流
适用性	适用	适用	适用
重复性	不可重复	不可重复	不可重复
必备性	必备	必备	必备
使用附注	建议取值: 兄弟关系(has sibling):指示一个对象和其关联对象拥有一个共同的上级。 零整关系(is part of):指示一个对象被其关联对象所包含。 整零关系(has part):指示一个对象包含其关联对象。 起源关系(is source of):指示关联对象是一个对象的一个版本。 有源关系(has source):指示一个对象通过转化,来源于相关对象。 有根关系(has root):仅适用于表现,关联对象是必须先接受处理才能据之形成表现的那个文件。 包含关系(include):适用于表现和文件的关系,或文件与比特流的关系,所描述的对象包含引用对象。 被包含关系(is included in):适用于文件和表现的关系,或比特流与文件的关系,所描述的对象被参考对象包含。 保存系统需定义更加适度的关系类型。 对于溯源关系来讲,关联事件类型可指示出精确的关系类型。 有根关系仅适用于表现。		

6.2.10.3　关联对象标识信息

语义单元名称	关联对象标识信息(relatedObjectIdentification)		
语义组分	关联对象标识符类型(relatedObjectIdentifierType) 关联对象标识符值(relatedObjectIdentifierValue) 关联对象顺序(relatedObjectSequence)		
定义	关联数字对象的标识符和上下文顺序信息。		
数据约束	容器		
对象类型	表现	文件	比特流
适用性	适用	适用	适用

续表

重复性	可重复	可重复	可重复
必备性	必备	必备	必备
使用附注	关联对象可保存在系统内,也可保存在系统外。 建议:在同一保存系统内保存对象及其关联对象,除非有足够的原因证明需要来 　　参考一个系统外的数字对象,系统需明确内部参考和外部参考。		

6.2.10.3.1　关联对象标识符类型

语义单元名称	关联对象标识符类型(relatedObjectIdentifierType)		
语义组分	无		
定义	用以确保标识符具备唯一性的类型域。		
数据约束	受控词表取值		
对象类型	表现	文件	比特流
适用性	适用	适用	适用
范例	[见对象标识符类型的范例]	[见对象标识符类型的范例]	[见对象标识符类型的范例]
重复性	不可重复	不可重复	不可重复
必备性	必备	必备	必备
使用附注	如果关联对象保存在系统内,它的取值即对象标识符类型的值。		

6.2.10.3.2　关联对象标识符值

语义单元名称	关联对象标识符值(relatedObjectIdentifierValue)		
语义组分	无		
定义	关联对象标识符的取值。		
数据约束	无		
对象类型	表现	文件	比特流
适用性	适用	适用	适用
范例	[见对象标识符值的范例]	[见对象标识符值的范例]	[见对象标识符值的范例]
重复性	不可重复	不可重复	不可重复
必备性	必备	必备	必备
使用附注	如果关联对象保存在系统内,它的取值即是对象标识符值的值。		

6.2.10.3.3 关联对象顺序

语义单元名称	关联对象顺序(relatedObjectSequence)		
语义组分	无		
定义	关联对象的顺序,具备相同关系类型的其他数字对象。		
说明	本语义单元对结构关系特别有用。为了重构一个表现,系统需获知其组成部分的兄弟关系和零整关系及其顺序。例如,要重构一本图像电子书,就需要知道该书所有页张文件的顺序。		
数据约束	无		
对象类型	表现	文件	比特流
适用性	适用	适用	适用
范例		1 2 3	
重复性	不可重复	不可重复	不可重复
必备性	可选	可选	可选
使用附注	本语义单元有多种执行方式,即可明确记录为元数据内的一个顺序号或指针,也可是一种暗含的对象顺序,例如,一个递增的标识符值。关系子类型(relationshipSubType)的取值可指示顺序信息。 系统不要求顺序号必须是唯一的或是连续的。 一些关联对象没有顺序,比如一些没有顺序的网页组成一个网站。这种情况下所有关联对象可被赋予一个虚拟的顺序"0"。 该语义单元仅适用于结构化关系,因此是可选的。		

6.2.10.4 关联事件标识信息

语义单元名称	关联事件标识信息(relatedEventIdentification)		
语义组分	关联事件标识符类型(relatedEventIdentifierType) 关联事件标识符值(relatedEventIdentifierValue) 关联事件顺序(relatedEventSequence)		
定义	关联事件的标识符和上下文顺序信息。		
说明	一个对象可能由于一个事件(比如迁移)关联到另外一个对象。		
数据约束	容器		
对象类型	表现	文件	比特流
适用性	适用	适用	适用

续表

重复性	可重复	可重复	可重复
必备性	可选	可选	可选
使用附注	关联事件标识信息必须记录对象间的派生关系。		

6.2.10.4.1 关联事件标识符类型

语义单元名称	关联事件标识符类型(relatedEventIdentifierType)		
语义组分	无		
定义	关联事件的事件标识符类型。		
数据约束	必为既存的事件标识符类型		
对象类型	表现	文件	比特流
适用性	适用	适用	适用
范例	[见事件标识符类型的范例]	[见事件标识符类型的范例]	[见事件标识符类型的范例]
重复性	不可重复	不可重复	不可重复
必备性	必备	必备	必备
使用附注	多数保存系统的事件标识符类型取自于内部的编号系统,它可是潜在的,仅在对外输出数据时提供。		

6.2.10.4.2 关联事件标识符值

语义单元名称	关联事件标识符值(relatedEventIdentifierValue)		
语义组分	无		
定义	关联事件的事件标识符值。		
数据约束	必为既存的事件标识符值		
对象类型	表现	文件	比特流
适用性	适用	适用	适用
范例	[见事件标识符值的范例]	[见事件标识符值的范例]	[见事件标识符值的范例]
重复性	不可重复	不可重复	不可重复
必备性	必备	必备	必备

6.2.10.4.3 关联事件顺序

语义单元名称	关联事件顺序(relatedEventSequence)	
语义组分	无	
定义	关联事件的先后顺序。	
数据约束	无	

58

对象类型	表现	文件	比特流
适用性	适用	适用	适用
范例		1 2 3	
重复性	不可重复	不可重复	不可重复
必备性	可选	可选	可选
使用附注	关联事件的顺序可从关联事件的"事件日期时间(eventDateTime)"推算出来。		

6.2.11　链接事件标识符

语义单元名称	链接事件标识符(linkingEventIdentifier)		
语义组分	链接事件标识符类型(linkingEventIdentifierType) 链接事件标识符值(linkingEventIdentifierValue)		
定义	对象的关联事件的"事件标识符"。		
数据约束	容器		
对象类型	表现	文件	比特流
适用性	适用	适用	适用
重复性	可重复	可重复	可重复
必备性	可选	可选	可选
使用附注	它用来链接那些不派生对象关系的事件,比如,格式确认和病毒扫描等。 如果保存系统需要知道这些信息,链接语义单元应该是必备的,但由于PREMIS没有指明链接的方向,所以定义为可选。		

6.2.11.1　链接事件标识符类型

语义单元名称	链接事件标识符类型(linkingEventIdentifierType)		
语义组分	无		
定义	关联事件的"事件标识符类型"。		
数据约束	必为既存的事件标识符类型		
对象类型	表现	文件	比特流
适用性	适用	适用	适用
范例	[见事件标识符类型的范例]	[见事件标识符类型的范例]	[见事件标识符类型的范例]

续表

重复性	不可重复	不可重复	不可重复
必备性	必备	必备	必备
使用附注	多数保存系统的事件标识符类型取自于内部的编号系统,它可是潜在的,仅在对外输出数据时提供。		

6.2.11.2 链接事件标识符值

语义单元名称	链接事件标识符值(linkingEventIdentifierValue)		
语义组分	无		
定义	链接事件的"事件标识符值"的取值。		
数据约束	必为既存的事件标识符值。		
对象类型	表现	文件	比特流
适用性	适用	适用	适用
范例	[见事件标识符值的范例]	[见事件标识符值的范例]	[见事件标识符值的范例]
重复性	不可重复	不可重复	不可重复
必备性	必备	必备	必备

6.2.12 链接知识实体标识符

语义单元名称	链接知识实体标识符(linkingIntellectualEntityIdentifier)		
语义组分	链接知识实体标识符类型(linkingIntellectualEntityIdentifierType) 链接知识实体标识符值(linkingIntellectualEntityIdentifierValue)		
定义	与数字对象相关联的知识实体的标识符。		
数据约束	容器		
对象类型	表现	文件	比特流
适用性	适用	适用	适用
重复性	可重复	可重复	可重复
必备性	可选	可选	可选
使用附注	用来链接到与对象相关的知识实体,它可是一个链接,指向知识实体或其可被参考的代用品的描述元数据,链接可是元数据所描述的比数字对象较高概念层的一个对象的标识符,比如,一个资源或上级对象。		

6.2.12.1 链接知识实体标识符类型

语义单元名称	链接知识实体标识符类型(linkingIntellectualEntityIdentifierType)		
语义组分	无		
定义	确保链接知识实体标识符唯一性的类型域。		
数据约束	受控词表取值		
对象类型	表现	文件	比特流
适用性	适用	适用	适用
范例		URI LCCN	
重复性	不可重复	不可重复	不可重复
必备性	必备	必备	必备
使用附注	如果保存系统需要知道这些信息,链接语义单元应该是必备的,但由于PREMIS没有指明链接的方向,所以定义为可选。		

6.2.12.2 链接知识实体标识符值

语义单元名称	链接知识实体标识符值(linkingIntellectualEntityIdentifierValue)		
语义组分	无		
定义	链接知识实体标识符的取值。		
数据约束	无		
对象类型	表现	文件	比特流
适用性	适用	适用	适用
重复性	不可重复	不可重复	不可重复
必备性	必备	必备	必备

6.2.13 链接权利声明标识符

语义单元名称	链接权利声明标识符(linkingRightsStatementIdentifier)		
语义组分	链接权利声明标识符类型(linkingRightsStatementIdentifierType) 链接权利声明标识符值(linkingRightsStatementIdentifierValue)		
定义	与数字对象相关的权利声明的标识符。		
说明	保存系统可能从权利声明链接到数字对象或从数字对象链接到权利声明,也可能选择双向连接。		
数据约束	容器		
对象类型	表现	文件	比特流
适用性	适用	适用	适用
重复性	可重复	可重复	可重复
必备性	可选	可选	可选

6.2.13.1 链接权利声明标识符类型

语义单元名称	链接权利声明标识符类型(linkingRightsStatementIdentifierType)		
语义组分	无		
定义	确保链接权利声明标识符具备唯一性的类型域。		
数据约束	受控词表取值		
对象类型	表现	文件	比特流
适用性	适用	适用	适用
范例		URI LCCN	
重复性	不可重复	不可重复	不可重复
必备性	必备	必备	必备

6.2.13.2 链接权利声明标识符值

语义单元名称	链接权利声明标识符值(linkingRightsStatementIdentifierValue)		
语义组分	无		
定义	链接权利声明标识符的取值。		
数据约束	无		
对象类型	表现	文件	比特流
适用性	适用	适用	适用
重复性	不可重复	不可重复	不可重复
必备性	必备	必备	必备

6.3 事件实体语义单元

6.3.1 事件标识符

语义单元名称	事件标识符(eventIdentifier)
语义组分	事件标识符类型(eventIdentifierType) 事件标识符值(eventIdentifierValue)
定义	在保存系统中用来确定事件唯一性的标记。
说明	保存系统中的每一个事件必须具备一个唯一标识符,并通过它实现与对象、代理、和其他事件的关联。
数据约束	容器
重复性	不可重复
必备性	必备
创建/维护附注	事件标识符可由系统自动生成,目前尚不存在事件标识符的全球框架或标准。该标识符是不可重复的。

6.3.1.1 事件标识符类型

语义单元名称	事件标识符类型(eventIdentifierType)
语义组分	无
定义	用来确定事件标识符唯一性的标识域。
数据约束	无
范例	FDA Stanford Repository Event ID UUID
重复性	不可重复
必备性	必备
创建/维护附注	多数保存系统采用本地的事件标识符类型编号方式,它可以是潜在的,只在交换数据时由系统提供。

6.3.1.2 事件标识符值

语义单元名称	事件标识符值(eventIdentifierValue)
语义组分	无
定义	事件标识符的取值。
数据约束	无
范例	【二进制整数】 E-2004-11-13-000119 58f202ac-22cf-11d1-b12d-002035b29092
重复性	不可重复
必备性	必备

6.3.2 事件类型

语义单元名称	事件类型(eventType)
语义组分	无
定义	事件的种类区分。
说明	区分事件类型有助于系统处理事件信息,特别有助于生成系统报告。
数据约束	受控词表取值
范例	E77【某保存系统用来表示一个具体事件的代码】 Ingest【受缴】
重复性	不可重复
必备性	必备

使用附注	保存系统需先定义自用的事件类型的受控词表。建议取值：
	收割:保存系统主动获取数字对象的过程。
	压缩:为了节约存储空间或减少传输时间而编码数据的过程。
	创建:创建一个新的数字对象的过程。
	下架:从保存系统移出对象的过程。
	解压缩:数据压缩的逆解码过程。
	解密:将加密数据解码成纯文本的过程。
	删除:从保存系统剔除对象的过程。
	数字签名确认:判断一个解密的数字签名和标准值是否匹配的过程。
	传递:系统找到一个数字对象并向用户提交的过程。
	固定性检查:校对一个对象在一定时间内是否发生改变的过程。
	受缴:向保存系统追加对象的过程。
	电文摘要计算:创建电文摘要的过程。
	迁移:数字对象向新格式转换生成新版本的过程。
	标准化:处理数字对象生成新更易于保存的版本的过程。
	复制:创建一个和原对象完全一样的复本的过程。
	确认:将对象和标准、注释或例外进行比较的过程。
	查毒:扫描文件检查有无恶意程序的过程。
	注意,迁移、标准化和复制是创建事件更精确的子类型。当这些更精确的信息不
	适用时,可采用"创建",例如,当一个数字对象通过纸上扫描第一次创建时。
	系统记录事件具备特异性,类型的确定还取决于系统如何生成报告和处理事件
	(如,事件类型是否指示转换、迁移或某一具体的迁移方法)。
	建议:在事件细节中记录事件的详细信息,不要使用过于精细的事件类型。

6.3.3　事件日期

语义单元	事件日期(eventDateTime)
语义组分	无
定义	事件发生的日期和时间,或日期和时间段。
数据约束	为了辅助机器处理,取值应该采用结构化的形式
重复性	不可重复
必备性	必备
使用附注	建议:尽可能由系统指明时区,并记录事件的详细时间。

6.3.4 事件细节

语义单元	事件细节（eventDetail）
语义组分	无
定义	关于事件的附加信息。
数据约束	无
重复性	不可重复
必备性	可选
使用附注	事件细节不由系统来处理，它可记录关于事件的任何信息和/或指向其他地方记录的信息。

6.3.5 事件结果信息

语义单元	事件结果信息（eventOutcomeInformation）
语义组分	事件结果（eventOutcome） 事件结果细节（eventOutcomeDetail）
定义	关于事件结果的信息。
数据约束	容器
重复性	可重复
必备性	可选
使用附注	保存系统可通过事件结果细节给一个编码的事件结果附加更多的信息，因为事件可能有多项结果，所以该容器是可重复的。 这个语义单元的语义组分都是可选的。如果包含该容器，则至少存在一个语义组分（如事件结果或事件结果细节）。

6.3.5.1 事件结果

语义单元	事件结果（eventOutcome）
语义组分	无
定义	事件结果的宏观分类，包括成功、部分成功和失败。
说明	以编码的方式表示事件结果有利于系统处理和生成报告。例如，固定性校验失败后，这个事件将形成两条记录，一个行为记录和一个可执行的永久记录。
数据约束	受控词表取值
范例	00【表示行为成功结束的编码】 CV-01【表示检验通过确认】
重复性	不可重复

必备性	可选
使用附注	建议： 使用系统可自动执行的受控词表,更加详细的事件结果可记录在事件结果细节(eventOutcomeDetail)。 系统需定义足够详细的事件粒度,用以实现每一个事件都有一个唯一结果。

6.3.5.2 事件结果细节

语义单元	事件结果细节(eventOutcomeDetail)
语义组分	事件结果细节附注(eventOutcomeDetailNote) 事件结果细节扩展(eventOutcomeDetailExtension)
定义	对事件结果或产物的描述。
说明	如果一个事件结果过于复杂,将导致编码描述无法适应,所以需用本语义单元来记录。
数据约束	容器
重复性	可重复
必备性	可选
使用附注	这个语义单元可用来记录执行事件的程序产生的所有错误信息和警告信息,也可是一个系统指针,用来指向一个错误日志。 如果一个事件是有效性校验,任何不规则或异常现象都需记录下来。 这个语义单元的语义组分都是可选的。如果包含该容器,则至少存在一个语义组分(如事件结果细节附注或事件结果细节扩展)。

6.3.5.2.1 事件结果细节附注

语义单元	事件结果细节附注(eventOutcomeDetailNote)
语义组分	无
定义	以文本形式对事件结果或产物的描述。
说明	描述事件结果时,可能需要附加的文本信息。
数据约束	无
范例	LZW 压缩文件 头文件中的非标准标签
重复性	不可重复
必备性	可选

6.3.5.2.2 事件结果细节扩展

语义单元	事件结果细节扩展(eventOutcomeDetailExtension)
语义组分	无
定义	使用 PREMIS 外部定义的语义单元。
说明	可能需要代替或扩展 PREMIS 定义的单元。
数据约束	容器
重复性	可重复
必备性	可选
使用附注	为了更广泛地使用外部定义语义单元,需要进行扩展。本地语义单元或元数据使用另一种特定元数据框架,代替或补充了 PREMIS 定义的语义单元。当使用外部定义的框架时,必须给出这个框架的介绍。 如果事件结果细节扩展容器需要明确关联 PREMIS 子单元,那么容器事件结果细节是可重复的。如果需要不同外部框架扩展,则事件结果细节也是可重复的。

6.3.6 链接代理标识符

语义单元	链接代理标识符(linkingAgentIdentifier)
语义组分	链接代理标识符类型(linkingAgentIdentifierType) 链接代理标识符值(linkingAgentIdentifierValue) 链接代理功能(linkingAgentRole)
定义	与某一个事件相关联的代理的信息。
说明	数字溯源需要记录代理和事件的关系。
数据约束	容器
重复性	可重复
必备性	可选
使用附注	建议系统记录代理信息。 如果保存系统需要知道这些信息,链接语义单元应该是必备的,但由于 PREMIS 没有指明链接的方向,所以定义为可选。

6.3.6.1 链接代理标识符类型

语义单元	链接代理标识符类型(linkingAgentIdentifierType)
语义组分	无
定义	确保链接代理标识符唯一性的类型域。
数据约束	受控词表取值

续表

范例	【参见代理标识符类型】
重复性	不可重复
必备性	必备

6.3.6.2 链接代理标识符值

语义单元	链接代理标识符值(linkingAgentIdentifierValue)
语义组分	无
定义	链接代理标识符的取值。
数据约束	无
范例	【参见代理标识符值】
重复性	不可重复
必备性	必备

6.3.6.3 链接代理功能

语义单元	链接代理功能(linkingAgentRole)
语义组分	无
定义	与某一事件相关联的代理的功能。
说明	一个事件可关联多个代理,系统需要记录每一个代理的功能。
数据约束	受控词表取值
范例	授权者 实施者 验证者 执行程序
重复性	可重复
必备性	可选

6.3.7 链接对象标识符

语义单元	链接对象标识符(linkingObjectIdentifier)
语义组分	链接对象标识符类型(linkingObjectIdentifierType) 链接对象标识符值(linkingObjectIdentifierValue) 链接对象功能(linkingObjectRole)
定义	与某一事件相关联的对象的信息。
说明	数字溯源往往需要记录对象和事件的关系。

数据约束	容器
重复性	可重复
必备性	可选
使用附注	如果保存系统需要知道这些信息,链接语义单元应该是必备的,但由于PREMIS没有指明链接的方向,所以定义为可选。

6.3.7.1 链接对象标识符类型

语义单元	链接对象标识符类型(linkingObjectIdentifierType)
语义组分	无
定义	确保链接对象标识符唯一性的类型域。
数据约束	受控词表取值
范例	【参见对象标识符类型】
重复性	不可重复
必备性	必备

6.3.7.2 链接对象标识符值

语义单元	链接对象标识符值(linkingObjectIdentifierValue)
语义组分	无
定义	链接对象标识符的取值。
数据约束	无
范例	【参见对象标识符值】
重复性	不可重复
必备性	必备

6.3.7.3 连接对象功能

语义单元	连接对象功能(linkingObjectRole)
语义组分	无
定义	与某一事件相关联的对象的功能。
说明	区分与事件相关的对象的功能。如果该信息并不明确,则应分析对象元数据中对象间的关系。
数据约束	无
重复性	可重复
必备性	可选

6.4 代理实体语义单元

6.4.1 代理标识符

语义单元名称	代理标识符(agentIdentifier)
语义组分	代理标识符类型(agentIdentifierType) 代理标识符值(agentIdentifierValue)
定义	确保一个保存系统中的代理具备唯一性的标识。
说明	保存系统中的每个代理都需具备唯一标识符,用以实现与事件和权利声明的关联。
数据约束	容器
重复性	可重复
必备性	必备
创建/维护附注	一个标识符可以由保存系统创建,也可以在保存系统外部创建或分配。同样,标识符可自动生成,也可手动生成。推荐的做法是由保存系统来自动创建标识符,作为主标识符以确保标识符的唯一性并对保存系统可用。外部分配的标识符可作为次标识符,来链接代理到保存系统外部信息。
使用附注	保存系统内的标识符必须唯一。代理标识符是可重复的,以允许保存系统分配的和外部分配的标识符都能记录下来。见上面的创建/维护附注。

6.4.1.1 代理标识符类型

语义单元	代理标识符类型(agentIdentifierType)
语义组分	无
定义	用以确保代理标识符具备唯一性的类型域。
数据约束	受控词表取值
范例	LCNAF SAN MARC Organization Codes URI
重复性	不可重复
必备性	必备

6.4.1.2 代理标识符值

语义单元	代理标识符值(agentIdentifierValue)
语义组分	无
定义	代理标识符的取值。
数据约束	无
重复性	不可重复
必备性	必备
使用附注	它可是具备唯一性的表,或受控的文本形式的名称。

6.4.2 代理名称

语义单元	代理名称(agentName)
语义组分	无
定义	用以和代理标识符一起确保代理具备唯一性的文本串。
说明	本语义单元可提供一个更加友好的确定代理的方法。
数据约束	无
重复性	可重复
必备性	可选
使用附注	它可不具备唯一性。

6.4.3 代理类型

语义单元	代理类型(agentType)
语义组分	无
定义	代理的高层分类。
数据约束	受控词表取值
重复性	不可重复
必备性	可选
使用附注	建议取值: 　人; 　　机构; 　　软件。

6.4.4 代理附注

语义单元	代理附注(agentNote)
语义组分	无
定义	代理的其他信息。

续表

说明	描述或者区分代理的其他信息。
数据约束	无
重复性	可重复
必备性	可选
使用附注	如果必须提供相关限制信息,则使用代理附注。如果需要外延的其他信息,应考虑使用外部定义的框架而非代理附注。

6.4.5 代理扩展

语义单元	代理扩展(agentExtension)
语义组分	外部定义
定义	使用 PREMIS 外部定义的语义单元。
说明	可能需要代替或扩展 PREMIS 定义的单元。
数据约束	容器
重复性	可重复
必备性	可选
使用附注	为了更广泛地使用外部定义语义单元,需要进行扩展。本地语义单元或元数据使用另一种特定元数据框架,代替或补充了 PREMIS 定义的语义单元。当使用外部定义的框架时,必须给出这个框架的介绍。 代理扩展中建议给出元数据的信息,包括元数据创建日期、元数据状态、内部链接 ID 号,使用的元数据类型及其版本,信息摘要和信息摘要算法以及与外部元数据链接的标识符类型。

6.4.6 链接事件标识符

语义单元	链接事件标识符(linkingEventIdentifier)		
语义组分	链接事件标识符类型(linkingEventIdentifierType),见 5.4.6.1 小节 链接事件标识符值(linkingEventIdentifierValue),见 5.4.6.2 小节		
定义	代理的关联事件的"事件标识符"。		
数据约束	容器		
对象类型	表现	文件	比特流
适用性	适用	适用	适用
重复性	可重复	可重复	可重复
必备性	可选	可选	可选

| 使用附注 | 它用来链接那些不派生对象关系的事件,例如,格式确认和病毒扫描等。
如果保存系统需要知道这些信息,链接语义单元应该是必备的,但由于 PREMIS 没有指明链接的方向,所以定义为可选。 | | |

6.4.6.1 链接事件标识符类型

语义单元名称	链接事件标识符类型(linkingEventIdentifierType)		
语义组分	无		
定义	关联事件的"事件标识符类型"。		
数据约束	必为既存的事件标识符类型		
对象类型	表现	文件	比特流
适用性	适用	适用	适用
范例	[见事件标识符类型的范例]	[见事件标识符类型的范例]	[见事件标识符类型的范例]
重复性	不可重复	不可重复	不可重复
必备性	必备	必备	必备
使用附注	多数保存系统的事件标识符类型取自于内部的编号系统,它可是潜在的,仅在对外输出数据时提供。		

6.4.6.2 链接事件标识符值

语义单元名称	链接事件标识符值(linkingEventIdentifierValue)		
语义组分	无		
定义	链接事件的"事件标识符值"的取值。		
数据约束	必为既存的事件标识符值		
对象类型	表现	文件	比特流
适用性	适用	适用	适用
范例	[见事件标识符值的范例]	[见事件标识符值的范例]	[见事件标识符值的范例]
重复性	不可重复	不可重复	不可重复
必备性	必备	必备	必备

6.4.7 链接权利声明标识符

语义单元名称	链接权利声明标识符(linkingRightsStatementIdentifier)
语义组分	链接权利声明标识符类型(linkingRightsStatementIdentifierType) 链接权利声明标识符值(linkingRightsStatementIdentifierValue)

续表

定义	与代理相关的权利声明的标识符。		
说明	保存系统可能从权利声明链接到代理或从代理链接到权利声明,也可能选择双向连接。		
数据约束	容器		
对象类型	表现	文件	比特流
适用性	适用	适用	适用
重复性	可重复	可重复	可重复
必备性	可选	可选	可选
使用附注	如果保存系统需要知道这些信息,链接语义单元应该是必备的,但由于 PREMIS 没有指明链接的方向,所以定义为可选。		

6.4.7.1 链接权利声明标识符类型

语义单元名称	链接权利声明标识符类型(linkingRightsStatementIdentifierType)		
语义组分	无		
定义	确保链接权利声明标识符具备唯一性的类型域。		
数据约束	受控词表取值		
对象类型	表现	文件	比特流
适用性	适用	适用	适用
范例		URI LCCN	
重复性	不可重复	不可重复	不可重复
必备性	必备	必备	必备

6.4.7.2 链接权利声明标识符值

语义单元名称	链接权利声明标识符值(linkingRightsStatementIdentifierValue)		
语义组分	无		
定义	链接权利声明标识符的取值。		
数据约束	无		
对象类型	表现	文件	比特流
适用性	适用	适用	适用
重复性	不可重复	不可重复	不可重复
必备性	必备	必备	必备

6.5 权利实体语义单元

6.5.1 权利声明

语义单元名称	权利声明（rightsStatement）
语义组分	权利声明标识符（rightsStatementIdentifier） 权利基本原则（rightsBasis） 版权信息（copyrightInformation） 特许信息（licenseInformation） 法令信息（statuteInformation） 权利准予（rightsGranted） 链接对象标识符（linkingObjectIdentifier） 链接代理标识符（linkingAgentIdentifier）
定义	保存系统的权利文档,以执行一或多个动作。
数据约束	容器
重复性	可重复
必备性	可选
使用附注	该语义单元是可选的,因为某些情况下可能不知道权利信息。保存机构应尽可能记录权利信息。 如果有权利实体,则权利声明和权利扩展必有一个存在。 当描述动作有多个基本原则或不同的动作有不同的基本原则时,权利声明应该是可重复的。

6.5.1.1 权利声明标识符

语义单元名称	权利声明标识符（rightsStatementIdentifier）
语义组分	权利声明标识符类型（rightsStatementIdentifierType） 权利声明标识符值（rightsStatementIdentifierValue）
定义	用来确保保存系统中的权利声明的唯一性的标识。
说明	与保存系统关联的每一个权利声明都应有一个唯一的标识符,能与事件和代理进行关联。
数据约束	容器
重复性	不可重复
必备性	必备

续表

创建/维护附注	权利声明标识符可能是由系统生成的。目前这些标识符没有全球的框架或标准,因此是不可重复的。
使用附注	保存系统内标识符必须是唯一的。

6.5.1.1.1　权利声明标识符类型

语义单元名称	权利声明标识符类型(rightsStatementIdentifierType)
语义组分	无
定义	用来确保权利标识符具备唯一性的类型域。
数据约束	受控词表取值
重复性	不可重复
必备性	必备

6.5.1.1.2　权利声明标识符值

语义单元名称	权利声明标识符值(rightsStatementIdentifierValue)
语义组分	无
定义	权利声明标识符的取值。
数据约束	无
重复性	不可重复
必备性	必备

6.5.1.2　权利基本原则

语义单元名称	权利基本原则(rightsBasis)
语义组分	无
定义	权利声明标识符中描述的权利或特许基本原则的名称
数据约束	受控词表取值
重复性	不可重复
必备性	必备
使用附注	建议取值:版权、特许、法令。 　　若权利基本原则为"版权",则版权信息应被提供; 　　若权利基本原则为"特许",则特许信息应被提供; 　　若权利基本原则为"法令",则条例信息应被提供。 如果权利基本原则是公众领域的条款,则使用"版权"。如果是正当使用,则采用"法令"。如果应用不止一个基本原则,则重复整个权利实体。

6.5.1.3 版权信息

语义单元名称	版权信息(copyrightInformation)
语义组分	版权状态(copyrightStatus) 版权管辖区域(copyrightJurisdiction) 版权状态颁布日期(copyrightStatusDeterminationDate) 版权附注(copyrightNote)
定义	关于对象版权状态的信息
数据约束	容器
重复性	不可重复
必备性	可选
使用附注	当权利基本原则为"版权"时,应提供版权信息。 保存系统可能需要根据具体的信息对此进行扩展。

6.5.1.3.1 版权状态

语义单元名称	版权状态(copyrightStatus)
语义组分	无
定义	记录权利声明时,对象版权状态的规定名称。
数据约束	受控词表取值
重复性	不可重复
必备性	必备

使用附注	建议取值:
	
	  保留版权 =受版权保护
	
	  公众领域 =在公众领域公开使用
	
	  未知 =资源的版权状态未知

6.5.1.3.2 版权管辖区域

语义单元名称	版权管辖区域(copyrightJurisdiction)
语义组分	无
定义	提供版权法的国家。
说明	不同国家有不同的版权法。
数据约束	应遵循 ISO 3166 取值
范例	us de
重复性	不可重复
必备性	必备

6.5.1.3.3　版权状态颁布日期

语义单元名称	版权状态颁布日期（copyrightStatusDeterminationDate）
语义组分	无
定义	在"版权状态"中记录的版权状态被确定的日期。
数据约束	为方便机器处理，取值应采用结构性的格式
范例	20070608
重复性	不可重复
必备性	可选

6.5.1.3.4　版权附注

语义单元名称	版权附注（copyrightNote）
语义组分	无
定义	关于对象版权状态的附加信息。
数据约束	无
范例	如果不作重申，版权将在 2010 年终止。 版权声明内嵌于文档标题中。
重复性	可重复
必备性	可选

6.5.1.4　特许信息

语义单元名称	特许信息（licenseInformation）
语义组分	特许标识符（licenseIdentifier） 特许条款（licenseTerms） 特许附注（licenseNote）
定义	关于一个特许或者与对象相关的其他特许准予的信息。
数据约束	容器
重复性	不可重复
必备性	可选
使用附注	当权利基本原则为"特许"时，应提供特许信息。

6.5.1.4.1　特许标识符

语义单元名称	特许标识符（licenseIdentifier）
语义组分	特许标识符类型（licenseIdentifierType） 特许标识符值（licenseIdentifierValue）

定义	用于确保保存系统中准予协议唯一性的名称。
数据约束	容器
重复性	不可重复
必备性	可选
使用附注	此语义单元用于查阅特许准予的文档记录。对于一些保存系统,它可能是与用户签订的正式契约。如果准予协议是口头的,则可能指向保存系统存档的口头协议备忘录。 该标识符是可选的,因为协议可能不作为标识符储在保存系统中。比如,在口头协议的情况下,整个协议可能在"特许条款"中包括或描述。

6.5.1.4.1.1 特许标识符类型

语义单元名称	特许标识符类型(licenseIdentifierType)
语义组分	无
定义	确保特许标识符唯一性的类型域。
数据约束	受控词表取值
重复性	不可重复
必备性	必备

6.5.1.4.1.2 特许标识符值

语义单元名称	特许标识符值(licenseIdentifierValue)
语义组分	无
定义	特许标识符的取值。
著录约束	无
重复性	不可重复
必备性	必备

6.5.1.4.2 特许条款

语义单元名称	特许条款(licenseTerms)
语义组分	无
定义	特许准予的特许或协议的文本描述。
数据约束	无
重复性	不可重复
必备性	可选
使用附注	可能包含特许、协议、解释或摘要的实际文本。

6.5.1.4.3 特许附注

语义单元名称	特许附注（licenseNote）
语义组分	无
定义	关于特许的附件信息。
数据约束	无
范例	特许嵌入在文件头的 XMP 块中。
重复性	可重复
必备性	可选
使用附注	关于许可条款的信息应著录在"许可条款"。"特许附注"用于与许可相关的其他类型的信息，比如联系人、行为日期或解释。此语义单元也可指出许可的定位，比如其是否在线可用或内嵌于对象本身。

6.5.1.5 法令信息

语义单元名称	法令信息（statuteInformation）
语义组分	法令管辖区域（statuteJurisdiction）
	法令引用（statuteCitation）
	法令信息颁布日期（statuteInformationDeterminationDate）
	法令附注（statuteNote）
定义	允许用于对象的法令的信息。
数据约束	容器
重复性	可重复
必备性	可选
使用附注	当权利基本原则为"法令"时,应当提供法令信息。

6.5.1.5.1 法令管辖区域

语义单元名称	法令管辖区域（statuteJurisdiction）
语义组分	无
定义	制定法令的国家或其他政治团体。
说明	对象和权利准予的连接基于法令管辖区域。
数据约束	受控词表取值
范例	us
	de
重复性	不可重复
必备性	必备

6.5.1.5.2　法令引用

语义单元名称	法令引用(statuteCitation)
语义组分	无
定义	用来确定法令的名称。
数据约束	无
重复性	不可重复
必备性	必备
使用附注	实际应用时应采用标准的引用形式。

6.5.1.5.3　法令信息确定日期

语义单元名称	法令信息确定日期(statuteInformationDeterminationDate)
语义组分	无
定义	权威认可的法令被确定的日期。
说明	讨论中的许可可能是某些阐释的主题。在特定的上下文和特定的时刻会做出一些评估,在另外的时刻和上下文,评估会发生改变。因此有必要记录决定的日期。
数据约束	为方便机器处理,取值应采用结构性的格式。
范例	2007 - 12 - 01 20040223151047.0
重复性	不可重复
必备性	可选

6.5.1.5.4　法令注释

语义单元名称	法令注释(statuteNote)
语义组分	无
定义	关于法令的附加信息。
数据约束	无
范例	适用于送于法律顾问评审的网络出版物。
重复性	可重复
必备性	可选

6.5.1.6 权利准予

语义单元名称	权利准予(rightsGranted)
语义组分	行为(act)
	限制(restriction)
	授权时间(timeOfGrant)
	权利准予附注(rightsGrantedNote)
定义	准予机构允许保存系统的行为。
数据约束	容器
重复性	可重复
必备性	可选

6.5.1.6.1 行为

语义单元名称	行为(act)
语义组分	无
定义	保存系统可以采取的行为。
数据约束	受控词表取值
重复性	不可重复
必备性	必备
使用附注	建议取值：
	复制 = 产生一个相同的副本
	迁移 = 以不同的文件格式产生一个内容相同的副本
	修改 = 产生一个不同内容的版本
	使用 = 读,不作拷贝或修改(如验证一个文档或运行一个程序)
	散布 = 创建一个副本或版本以供保存系统外部使用
	删除 = 从保存系统中移除
	可用于保存系统决定受控词表的粒度,也有助于保存系统中同样受控取值的事件类型。

6.5.1.6.2 限制

语义单元名称	限制(restriction)
语义组分	无
定义	行为的条件或限制。
数据约束	无

范例	不超过3。
	只有存档一年后才允许。
	行为完成后必须告知权利持有者。
重复性	可重复
必备性	可选

6.5.1.6.3 授权时间

语义单元名称	授权时间(timeOfGrant)
语义组分	开始日期(startDate)
	结束日期(endDate)
定义	权利准予的时间周期。
说明	权利保护可能是有时效性的。
数据约束	容器
重复性	不可重复
必备性	必备

6.5.1.6.3.1 开始日期

语义单元名称	开始日期(startDate)
语义组分	无
定义	权利准予开始的日期。
数据约束	为方便机器处理,取值应采用结构性的格式。
范例	2006 – 01 – 02
	20050723
重复性	不可重复
必备性	必备

6.5.1.6.3.2 结束日期

语义单元名称	结束日期(endDate)
语义组分	无
定义	权利准予结束的日期。
数据约束	为方便机器处理,取值应采用结构性的格式。
范例	2010 – 01 – 02
	20120723

续表

重复性	不可重复
必备性	可选
使用附注	准予的结束时间为开放时使用"开放"。如果结束时间未知或许可声明以不同的结束日期应用于多个对象,则省略结束日期。

6.5.1.6.4 权利准予附注

语义单元名称	权利准予附注(rightsGrantedNote)
语义组分	无
定义	关于权利准予的附加信息。
说明	对于权利准予可能需要文本描述来进行另外的解释。
数据约束	无
重复性	可重复
必备性	可选
使用附注	该语义单元可以包括关于风险评估的声明,例如,有时保存系统不确定什么权利已经被准予。

6.5.1.7 链接对象标识符

语义单元名称	链接对象标识符(linkingObjectIdentifier)
语义组分	链接对象标识符类型(linkingObjectIdentifierType) 链接对象标识符值(linkingObjectIdentifierValue) 链接对象功能(linkingObjectRole)
定义	与权利声明相关的对象的标识符。
说明	权利声明必须与其相应的对象关联,可以由权利声明关联至对象,也可以由对象关联至权利声明。此语义单元提供由权利声明关联至对象的机制。
数据约束	容器
重复性	可重复
必备性	可选
使用附注	链接对象标识符是可选的,因为在某些情况下由对象关联到权利声明可能更有实际意义。例如,一个保存系统可以用一个权利声明来覆盖若干个公共领域的对象。

6.5.1.7.1 链接对象标识符类型

语义单元名称	链接对象标识符类型(linkingObjectIdentifierType)
语义组分	无
定义	确保连接对象标识符唯一性的类型域。
数据约束	受控词表取值
范例	【参见"对象标识符类型"的范例】
重复性	不可重复
必备性	必备

6.5.1.7.2 链接对象标识符值

语义单元名称	链接对象标识符值(linkingObjectIdentifierValue)
语义组分	无
定义	链接对象标识符的取值。
数据约束	无
重复性	不可重复
必备性	必备

6.5.1.7.3 连接对象功能

语义单元	连接对象功能(linkingObjectRole)
语义组分	无
定义	与某一代理相关联的对象的功能。
说明	区分与代理相关的对象的功能。如果该信息并不明确,则应分析对象元数据中对象间的关系。
数据约束	无
重复性	可重复
必备性	可选
使用附注	一般情况下,链接对象的功能由权利声明控制,该语义单元的值无需提供,否则,如果对象与权利声明有不同的关系,则应在此语义单元中标明。

6.5.1.8 链接代理标识符

语义单元名称	链接代理标识符(linkingAgentIdentifier)
语义组分	链接代理标识符类型(linkingAgentIdentifierType)
	链接代理标识符值(linkingAgentIdentifierValue)
	链接代理功能(linkingAgentRole)

续表

定义	与一个或多个代理相关的权利声明的标识。
说明	权利声明与相关代理的关联可以是由权利声明关联到代理,也可以是由代理关联到权利声明。此语义单元提供由权利声明关联到代理的机制。
数据约束	容器
重复性	可重复
必备性	必备
使用附注	链接代理标识符是可选的,因为相关的代理可能是未知的或者没有代理相关联。当权利基本原则是法令时后者是很有可能的。

6.5.1.8.1 链接代理标识符类型

语义单元名称	链接代理标识符类型(linkingAgentIdentifierType)
语义组分	无
定义	确保链接代理标识符唯一性的类型域。
数据约束	受控词表取值
范例	【参见"代理标识符类型"的范例】
重复性	不可重复
必备性	必备

6.5.1.8.2 链接代理标识符值

语义单元名称	链接代理标识符值(linkingAgentIdentifierValue)
语义组分	无
定义	链接代理标识符的取值。
数据约束	无
范例	【参见"代理标识符值"的范例】
重复性	不可重复
必备性	必备

6.5.1.8.3 链接代理功能

语义单元名称	链接代理功能(linkingAgentRole)
语义组分	无
定义	与权利声明相关的代理的角色。
数据约束	受控词表取值

范例	联系
	创建者
	出版者
	权利持有者
	准予者
重复性	可重复
必备性	可选

6.5.2 权利扩展

语义单元名称	权利扩展(rightsExtension)
语义组分	无
定义	PREMIS 之外定义的语义单元的容器。
说明	可能有替代或者扩展 PREMIS 定义的语义单元的需求。
数据约束	容器
重复性	可重复
必备性	可选
使用附注	为更多的粒度或语义单元的应用提供扩展性。本地语义单元或者其他元数据方案的应用都可能包括代替或者除本规范外定义的语义单元。当应用一个扩展方案时,必须提供其相应的参考。更详尽的指南参见"可扩展性"。 如果权利实体被包括,则权利声明和权利扩展必备被呈现。 如果权利扩展容器需要与本规范权利语义单元之下的其他子单元联合使用,则重复权利容器。如果需要从不同的外部方案进行扩展,权利容器也应重复。

第二部分　国家数字图书馆长期保存元数据标准规范应用指南

1 内容概述

在第一部分,对于保存元数据各语义单元的定义、基本原理、著录约束、使用对象类型、必备性、重复性都做了详细的说明,及更为详尽的具体创建、维护、使用附注说明,甚至还有一些取值范例,因此第二部分指南中不再重复这些内容,而是根据 PREMIS 数据字典的必备性定义,结合国家数字图书馆的实际情况,简单列出一些必备语义单元,以便设计人员在设计长期保存系统时参考。此外,还对超出 PREMIS 范畴的对象格式元数据进行一定的扩展。

保存元数据实施的一个关键因素就是数据值能否由保存系统自动提供、自动进行,因此本部分罗列出需要保存系统开发的标识符命名域、需要保存系统定义的受控词表,以及一些语义单元取值应遵循的现有标准规范。

本部分还就 PREMIS 数据模型的实施、元数据存储、提供元数据值进行了一定的说明,以作为具体实施中的指导。另外,分析了已有长期保存系统中有关 PREMIS 语义单元的具体实现,以便国家数字图书馆在今后具体设计保存系统时借鉴。

考虑到大多数保存系统都需处理海量的数字信息,在数字信息长期保存的实践中,一个关键问题就是长期保存元数据的赋值是否可被自动提取并自动应用。因此,本部分介绍了现有的一些元数据自动抽取工具,作为具体系统设计中的参考。

最后,针对国家图书馆各类型的数字资源以及长期保存各环节的管理需求,分别设计了几个实用情景,以便检测《国家数字图书馆长期保存元数据规范》的科学性、合理性与实用性,同时演示长期保存元数据规范在长期保存系统中可能的记录形式。实例的取值都是示例性的,不具有真实意义。

2 保存元数据

2.1 保存元数据的定义和功能

保存元数据是支持与数字资源长期保存相关过程的信息框架。更确切地说,它是支持数字资源长期保存过程中的可生存能力、可还原能力与可理解能力的必要信息。保存元数据能够作为保存过程中的输入信息,也可以作为相同过程的输出信息。

保存元数据支持和记录数字资源保存的处理过程,应当具有以下主要功能。

(1)支持和证明数字资源保存过程的信息:创建清晰的来源记录;详细描述真实状态;记录数字对象经历的技术处理;对数字对象的技术细节进行描述;描述数字对象的起源环境;指定权限管理信息。

（2）提供长期维护资源的信息：可生成能力（对象的比特流是完整的）；可还原能力（可以将对象转化成能够阅读或利用的格式）；可理解能力（还原的内容能被解释和理解）。

保存元数据与数字资源长期保存功能实现流程如下图所示：

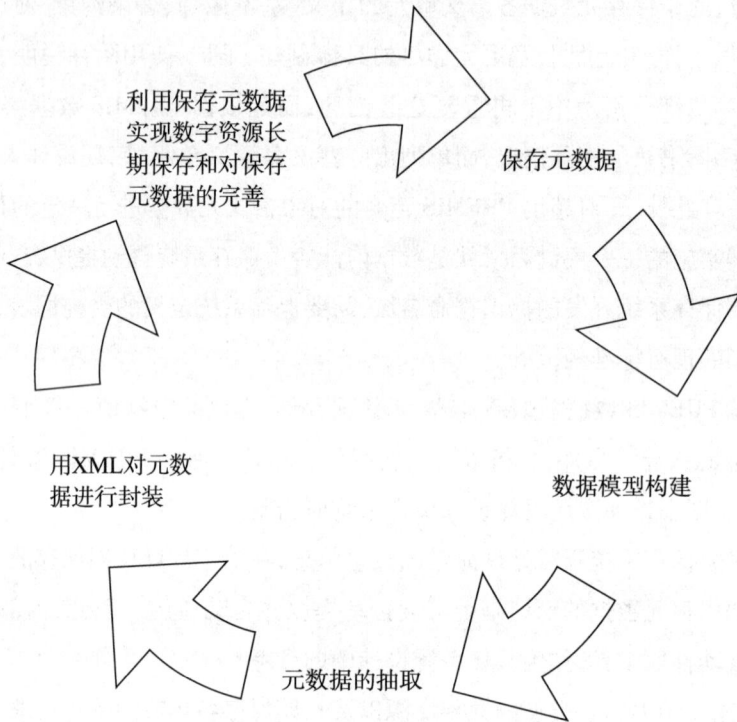

利用保存元数据
实现数字资源长
期保存和对保存
元数据的完善

保存元数据

用XML对元数
据进行封装

数据模型构建

元数据的抽取

注：此图来源为《PREMIS 保存元数据及其对我国的启示》

2.2 完整的保存元数据方案

因 PREMIS 仅仅考虑到通用于各种格式数字对象的元数据，不包含只适于特定文件格式的技术元数据。它包含但没有详细介绍语义实体，因为"已存的标准很好地服务于描述元数据"。同时它"考虑到保存活动的权限特性，而非与存取和发布相关的权限"，所以在具体实施的过程中，实施方需要根据具体情况引用其他相关元数据方案。一个完整的长期保存元数据方案应包括以下几个方面。

- PREMIS"核心"保存元数据。主要是数字对象、事件和代理实体。关于核心语义单元的说明：一方面，核心是指在任何情况下都需要的元数据；另一方面，核心是指适用于实施任何保存策略的任何系统的元数据。本应用指南中，我们认为核心语义单元即"大多数保存系统都可能需要获知以支持数字资源保存的元数据"。核心并不意味着必备，在一些例外情况下，某些语义单元是可选的。

- 描述元数据（描述内容，包括描述数字对象上下文或意义的元数据）。等价于 PREMIS

中的"知识实体"。

- 结构元数据。保存系统中需要这种元数据来根据部分信息重构整个数字对象。它还需要能够显示和表示一个数字对象,使用户能理解这个对象与其各部分或者与一个更大的整体间的联系。

- 对象格式元数据。例如,某些特定格式如图像、音频、视频等对象的具体技术元数据信息。

- 权限元数据。保存系统在提供相关记录的访问支持时必须强制执行的、用于描述限制、权限和条件的元数据。PREMIS 仅描述了保存系统需要的权限,以执行相关记录的活动。而没有详细制定访问权限管理体制,因为它涉及不同的特定数据集所具备的不同权限管理机制,太复杂并不断地演化。国家图书馆可以开展一个访问权限管理项目,用于处理各类型数字和非数字馆藏。同时从元数据分类划分看,该部分内容属于管理元数据的范畴,故不在此指南中涉及。

2.3　必备语义单元

2.3.1　概述

PREMIS 的数据字典提供了一个"核心保存元数据语义单元集"。就国家图书馆数字资源的长期保存而言,认为语义单元如果适用都是必需的,接下来就是如何具体实施 PREMIS 的问题了。PREMIS 数据字典定义的核心保存元数据集在第一部分中已经做了详细介绍,本指南部分中不再重复。根据 PREMIS 数据字典的必备性定义列出以下一些必备的元素,指出保存系统应该了解的有关每一个数字对象的信息。如果数字对象的有关信息没有显示记录,那么应该能从保存系统本身或保存系统的策略、程序文档中找到这些信息。

2.3.2　对象实体语义单元

在第一部分的规范中,对于对象类型是"文件"的数字对象来说,下面的语义单元是必选的。但因为它们可能不适用于所有的对象类型,所以在 PREMIS 的 XML 模式中它们可能不是必选的。

- 对象标识符类型
- 对象标识符值
- 保存级别
- 对象类型
- 组分级别
- 存储载体

此外,下面的附加语义单元在保存系统中也相当重要,应该也是必选的。

- 电文摘要算法
- 电文摘要
- 大小
- 格式名称
- 原始文件名称

2.3.3 事件实体语义单元

PREMIS 并未规定事件强制存在。一个事件可以通过对象实体的可选关系或链接事件标识符元素,链接到一个数字对象上,或者它可以通过事件的可选链接对象标识符链接到一个对象上。然而我们建议下面的语义单元是必选的:

- 事件标识符类型
- 事件标识符值
- 事件类型
- 事件日期

事件应该了解它所操作的对象。然而,PREMIS 在对象实体和事件实体中都没有指定事件集和对象集之间的必选链接。在 METS 纲要中,对象实体必须包含受缴事件的链接事件标识符,而事件实体不必包含相互的链接对象标识符。

2.3.4 代理实体语义单元

PREMIS 没有规定代理实体必须存在,因为链接代理标识符在事件实体中是可选的。然而,我们建议保存系统应该了解代理,是否事件造成了对象的改变。例如,代理应该确认用到的软件。虽然这个软件可能已经在对象实体(在创建程序中)或事件实体中加以描述,但若把它放在遵守 METS 纲要的文档实体的代理中,会促进接收保存系统数据库的映射。如果一个组织而非迁移保存系统对一个事件负责的话,代理也应该用于组织。

2.3.5 权利实体语义单元

PREMIS 没有规定权利实体必须存在,因为链接许可声明标识符在对象实体中是可选的,PREMIS 集中考虑保存活动。然而,权利应该是必选的,只要保存系统有协议或存储系统达到一些条件,但这可能不适于资源没有版权的情况。

权利元数据对有限制访问条件的资源是必备的。如果没有记录访问权利,就假定它是无限制的。本指南部分不制定具体的访问权利元数据模型,只是推荐 METS 权利、PREMIS 权利、Creative Commons 许可和 XACML。

2.4 描述元数据

描述元数据在保存系统中被认为是必选的,但在本指南部分中不做详细介绍,可以引用

DC、MODS 等已有的描述元数据规范,以遵守 METS 纲要关于元数据交换的规定,但是应该储存并以保留所有可用元数据粒度的格式输出描述元数据。针对国家图书馆的具体实施,我们推荐使用国家图书馆已发布的描述元数据系列标准。

2.5　文件格式元数据

2.5.1　概述

文件格式元数据用来记录数字对象的特性,以便它能正确再现。在某些情况下,没有文件格式元数据,系统可能根本无法处理数字对象。参考国外已有的文件格式元数据方案,本指南部分制定了不同类型资源选用的不同文件格式元数据方案和扩展,这些格式包含必选元素。虽然自动获取这些元数据技术上还不可行,但对这些数据的记录能帮助我们长期管理这些数据。另外需要说明的是,该技术元数据集并不完全,具体执行还需根据具体情况进行扩展。

2.5.2　图像

MIX 是图像元数据中推荐使用的扩展模式。MIX 是一种 METS 委员会认可的模式。美国国会图书馆网络开发部和 MARC 标准办公室,与 NISO 技术元数据数字图象标准委员会及其他专家合作,致力于开发一个用于管理数字图像资源的技术数据元素的 XML 模式。这个模式提供了一种格式,用于交换或存储 NISO 标准数据字典中指定的数据:用于数字图像的技术元数据(版本 2.0),被称为"XML 中的 NISO 图像元数据(NISO XML)"。MIX 用万维网上的 XML 模式语言表示,由网络开发部和 MARC 标准办公室维护。

MIX 标准已经成为美国国家标准 ANSI-NISO Z39.87(2006),因此本指南部分推荐用 MIX 作为处理图像元数据的扩展模式。(详细 schema 见 http://www.loc.gov/standards/mix/mix.xsd)

2.5.3　音频

国会图书馆音频(源)数据字典作为音视频资源原型项目的一部分,是推荐使用的音频元数据基本扩展模式。网页地址为 http://www.loc.gov/rr/mopic/avprot/DD ASMD.html。下面的元数据是根据澳大利亚国家长期保存项目,对国会图书馆音频(源)数据字典的进一步扩展。

- file_format

  音频文件的类型,例如,WAV 文件是 Microsoft WAVE,同样 AIF 是音频文件交换格式(Audio Interchange File Format)。

- file_version

  所用的文件格式版本。

- coding_history

  指明文件格式经历的历史。

- mime_type

    MIME 类型帮助浏览器将特定文件和合适的播放器程序或插件相联系。

- compression

    文件中用到的压缩类型。

- codec_version

    用到的解码器版本。

- file_container

    用于容纳其他文件格式的文件格式类型,例如 Broadcast Wave Format（BWF）就是一个可以包含 Microsoft WAV 文件的文件容器。

- file_container_version

    用到的文件容器版本。

- frame_rate

    每秒帧数。

- byte_order

    例如"大字节序"和"小字节序"。

- timecode_type

    记录在音频资源项目上的时间码的类型,SMPTE(音视频同步码)丢帧,SMPTE(音视频同步码)非丢帧等。

- channel_num

    表示频道数,例如频道 0。

- channel_num_map_loc

    它与特定频道数绑定,用于表明频道的位置,例如,频道 0 的立体声文件的频道数图定位可能是"左"。

- channel_map_config

    频道映射的配置。在多频道工作时,这个信息非常重要。

- delivery_type

    针对流媒体文件(如,实时流协议 RTSP)。流媒体文件不建议纳入,因为它们是非档案格式,若流媒体文件异常地被纳入,则传递协议的记录必须可用。例如,QuickTime 文件就是这种设置。

- encoding_softwar

    运用软件来编码传递文件(只有发生非档案性质传递文件的意外,它才是必要的)。

- codec_essence

  解码器用到的特殊类型或"种类",例如 RealMedia"音乐"或"声音"解码器。

- codec_essence_version

  解码器实质用的版本。

2.5.4 视频

国会图书馆视频(源)数据字典作为音视频资源原型项目的一部分,是推荐使用的视频元数据基本扩展模式。网页地址为 http://www.loc.gov/rr/mopic/avprot/DD VSMD.html。下面的元数据是根据澳大利亚国家图书馆长期保存项目,对国会图书馆视频(源)数据字典的进一步扩展。

- file_format

  视频文件的类型,例如,MOV 文件是 QuickTime 文件格式,然而应该注意一种格式可能既是文件格式,又是容器格式,在视频中这种情况很常见。

- file_version

  所用的文件格式版本。

- coding_history

  指明文件格式经历的历史。

- mime_type

  MIME 类型帮助浏览器将特定文件和合适的播放器程序或插件相联系。

- compression

  文件中用到的压缩类型——对没有存档复本的"非存档的"性质的文件,可能像 MPEG 那样压缩,或 MPEG 2,它是用于 DVD 的格式。

- codec_version

  用到的解码器版本。

- file_container

  用于容纳其他文件格式的文件格式类型,例如 QuickTime(MOV)就是一个可以包含其他格式文件的文件容器。

- file_container_version

  用到的文件容器版本。

- frame_rate

  每秒帧数。

- byte_order

  例如"大字节序"和"小字节序"。

- counting_mode

  NTSC 丢帧或非丢帧。

- track_num

  表示轨数,例如频道 0。

- track_map_loc

  它与特定频道数绑定,用于表明频道的位置。

- track_map_config

  频道映射的配置。在多频道工作时,这个信息非常重要。

- delivery_type

  针对流媒体文件(如,实时流协议 RTSP)。流媒体文件不建议纳入,因为它们是非档案格式,若流媒体文件异常地被纳入,则传递协议的记录必须可用。例如,QuickTime 文件就是这种设置。

- encoding_software

  运用软件来编码传递文件(只有发生非档案性质传递文件的意外,它才是必要的)。

- broadcast_standard

  包括 PAL、NTSC、SECAM、DV、HDV 等。

- anamorphic

  一个回放设置,与 DVD 视频的控制和是否视频能在屏幕上以不同的高宽比重放有关。例如,能够在屏幕上以 4:3 和 16:9 的高宽比播放,而不致使画面压扁。可取值为"真"或"假"。

- field_dominance

  设为低(偶)或高(奇)。

- alpha_channel

  是否视频有初频道。

- codec_essence

  解码器用到的特殊类型或"种类",例如 RealMedia"音乐"或"声音"解码器。

- codec_essence_version

  解码器实质用的版本。

2.5.5 文本(Text),HTML and XML

由纽约大学 Elmer Bobstl 图书馆的 Jerome McDonough 创建的文本技术元数据模式得到了 METS 编辑部的认可,本指南部分推荐作为参考,不过基于国内外目前的情况,文本文档所需的附加元数据分析仍有待于进一步研究。

2.5.6 网站

保存元数据框架理论上来说是不分对象类型的,但是网络资源具有特殊性。首先,网络资源是非常复杂的对象。例如,一个单独的网页会链接到多种格式的文件(如文本、图像、音乐、多媒体、软件),这些格式都需要在保存时单独考虑。另外,一些网站行为是在服务器端决定的,功能性的其他方面依赖于浏览器软件和插件的组合。另一问题是网络资源的动态属性。Web 归档机构只能保存网站和域的"快照",随着网站的不断变化,保存的内容可能错过网站的最主要的特性。

2003 年,由 12 个国家图书馆和 Internet 档案馆组成了一个国际 Internet 保存联盟(IIPC),其目标是通过国际间的交流与合作,建立起 Internet 信息资源的获取和保存机构,并且使这些资源能够在未来足够长的一段时间之后仍然能够被人利用。IIPC 的一项重要工作就是支持开发和利用通用的工具、技术和标准,来构建全球的 Internet 存档。

为了实现大规模的 Web 存档,IIPC 提出了基于 OAIS 的网络资源存档系统技术体系框架。该框架覆盖了 Web Archive 工作链中的所有过程,包括采集(Ingest)、存储(Storage)、访问(Access)和索引与检索(Index&Search)等主要功能。目前该技术体系框架已为大多数 Web Archive 项目所遵循和采用。

2004 年,IIPC 提出了网络资源存档的保存元数据集。该元数据方案认为,非隔离的文档结合在一起形成内容的网络和内容的描述,因此,对于描述性信息无需太关注。而技术依赖性才是网络材料或者更一般的数字对象的关键。该方案还认为 Web archive 中选择(时间/空间)内容是十分重要的,需要对选择的内容进行存档且将其嵌入到工具(爬行工具 & 测量)中。与网络服务器的每一次交互可以产生唯一的个性化的响应,需要记录这种交互或者伪交易的语境。

对于元数据的应用级别而言,元数据元素可以覆盖单个文件或若干文件。元数据应用级别可以限制在页或覆盖整个网站。

尽管 IIPC 不实施 PREMIS 数据字典,其元数据涉及对象类别,例如"网站"、"页"和"文件",其中"网站"和"页"相当于 PREMIS 的表现级别,文件对应于 PREMIS 文件级别。IIPC 的另一重要成果是在 ARC 的基础上,推动并形成了 WARC 文件格式标准(ISO 28500:2009, Information and documentation—WARC file format)。WARC 格式更好地支持采集、访问和归档组织交换的需要。除记录当前主要的内容之外,它还提供相关的次要内容,诸如分配元数据,简化副本探查和以后的数据转换功能。WARC 支持 Heritrix、HTTrack 等抓取工具。

国家图书馆如果需要对网站进行长期保存,本指南部分推荐参考采用 IIPC 的网络资源存档保存元数据集。

3 保存元数据取值的自动化、规范化

3.1 概述

保存元数据实施的一个关键因素就是数据值能否由保存系统自动提供、自动进行,为此需要保存系统先定义一些命名域、受控词表,并引用一些已有的标准规范。需要说明的是,需要定义的受控词表中的建议取值并不是穷尽的枚举,国家图书馆在具体的实施中需要根据实际情况进行补充扩展,形成符合实际需求的相关受控词表。

3.2 需要开发的唯一标识符命名域

- 对象唯一标识符命名域
- 事件唯一标识符命名域
- 代理唯一标识符命名域
- 权利声明唯一标识符命名域

保存元数据规范中,凡涉及标识符的语义单元,都需要相应的标识符命名域支持。

3.3 需要定义的受控词表

- 保存级别值(preservationLevelValue)受控词表

  建议取值:完全保存、比特级保存。

- 保存级别职责(preservationLevelRole)受控词表

  建议取值:要求、能力。

- 电文摘要算法(messageDigestAlgorithm)受控词表

  建议取值:MD5、Adler-32、HAVAL、SHA-1、SHA-25、SHA-384、SHA-512、TIGER、WHIRL-POOL。

- 格式名称(formatName)受控词表

  建议取值:Text/sgml、image/tiff/geotiff、Adobe PDF、unknown。

- 限制类型(inhibitorType)受控词表

  建议取值:加密、密码保护。

- 限制目标(inhibitorTarget)受控词表

  建议取值:对象内容、打印。

- 内容位置类型(contentLocationType)受控词表

  建议取值:URI、hdl、NTFS、EXT3。

- 存储载体（storageMedium）受控词表

  建议取值：磁带、光盘、硬盘。

- 环境性质（environmentCharacteristic）受控词表

  建议取值：最小环境、工作环境、建议环境、不明。

- 环境目的（environmentPurpose）受控词表

  建议取值：阅读、修改、转换、打印、操作。

- 软件类型（swType）受控词表

  建议取值：显示软件、辅助软件、操纵系统软件、驱动程序软件。

- 硬件类型（hwType）受控词表

  建议取值：处理器、内存、输入/输出设备、存储器。

- 签名编码（signatureEncoding）受控词表

- 签名方法（signatureMethod）受控词表

  建议取值：DSA-SHA1、RSA-SHA1。

- 关系类型（relationshipType）受控词表

  建议取值：结构、源流。

- 关系子类型（relationshipSubType）受控词表

  建议取值：兄弟关系（has sibling）、零整关系（is part of）、整零关系（has part）、起源关系（is source of）、有源关系（has source）、有根关系（has root）、包含关系（include）、被包含关系（is included in）。

- 事件类型（eventType）受控词表

  建议取值：收割（capture）、压缩（compression）、创建（creation）、下架（deaccession）、解压缩（decompression）、解密（decryption）、删除（deletion）、数字签名确认（digital signature validation）、传递（dissemination）、固定性检查（fixity check）、受缴（ingestion）、电文摘要计算（message digest calculation）、迁移（migration）、复制（replication）、确认（validation）、查毒（virus check）。

- 事件结果（eventOutcome）受控词表

  建议取值：00（表示行为成功结束的编码）、CV-01（表示检验通过确认）。

- 代理类型（agentType）受控词表

  建议取值：人、机构、软件。

- 权利基本原则（rightsBasis）受控词表

  建议取值：版权、特许、法令。

- 版权状态(copyrightStatus)受控词表

  建议取值:保留版权、公众领域、未知。
- 行为(act)受控词表

  建议取值:复制、迁移、修改、使用、散布、删除。
- 链接代理功能(linkingAgentRole)受控词表

  建议取值:联系(contact)、创建者(creator)、出版者(publisher)、权利持有者(rightshold-er)、准予者(grantor)。

3.4 日期和时间格式

所有指定日期(或日期与时间)使用的语义单元都建议使用结构化形式,以辅助机器处理。数据字典因独立于实施,所以并没有指定使用某种标准。建议实施需要时采用的日期格式应符合 ISO 8601[W3CDTF]规范,使用 YYYY-MM-DD 的格式。在日期不确定或有疑问的时候,建议采用约定的方式来表达一个时段,著录起讫日期时,年、月、日之间不使用连字符,两段日期中间用连字符链接如:201006-或者 20100703-20100823。以下是可能包括日期或日期与时间的语义单元:

- 保存级别指定日期(preservationLevelDateAssigned)
- 创建日期(dateCreatedByApplication)
- 事件日期(eventDateTime)
- 版权状态确定日期(copyrightStatusDeterminationDate)
- 法令信息颁布日期(statuteInformationDeterminationDate)
- 授权开始日期(startDate)
- 授权结束(endDate)

3.5 其他语义单元取值应遵循的规范

- 版权管辖区域(copyrightJurisdiction)的取值应遵循 ISO 3166 国家/地区代码
- 法令管辖区域(statuteJurisdiction)的取值应遵循 ISO 3166 国家/地区代码或者其他机构名称代码

此外,国家图书馆需要建立格式注册系统,以便一组格式注册中心语义单元进行取值。建议国家图书馆在通用格式的注册选择上采用 PRONOM 作为注册中心,以实现格式信息的共享。一些私有格式通过系统设计的内部格式注册来标识。

4 实施

4.1 概述

保存元数据就是支持数字资源长期保存功能的元数据。它记录下了为实现长期保存之目的而必须记录下的技术、权利、管理等信息。这些信息之间是有规律、有逻辑的。因此，PRE-MIS 工作组建立一个数据模型来对其进行有效组织。在这个模型里，定义各种实体，为实体定义语义单元，为实体间定义关系。通过这个模型，可以将有益于对元数据的数据信息有序化。然后利用元数据抽取工具，保存机构可将存储库里的数字资源中所包含的保存元数据信息提取出来，再将保存元数据的信息放进这个模型里。这个模型不能只停留在概念上，它需要有一个载体，这个载体就是 XML schema。利用了 XML 所具有的数据库功能，封装在 XML 文档中的保存元数据信息可以得到有效的存储、管理和利用。由此，数据模型在 XML 中得到了真实的实现。在保存元数据的利用过程中，又可以根据实际情况来对元数据进行完善。这样就形成了一个保存元数据与数字资源长期保存之间的一个良性循环。

4.2 数据模型的实施

PREMIS 数据模型是为了阐明数据字典中语义单元的意义和使用，而不是为了指定实施的结构。

大多数保存系统都需要以某种方式处理概念实体、对象、代理、事件和权利，这有助于区别各对象子集的属性，如文件、比特流和表现。不过，某个保存系统的实施可能需要多或少的粒度，或定义不同实体类别。PREMIS 建议使用任何的数据模型都要进行清晰定义和记录，而且元数据决定和数据模型相一致。

语义单元会被分组，和某些实体间接相关。例如，environment 是对象的一个属性。逻辑上，每个文件有一个或多个相关的环境。然而，在很多情况下，环境是由文件格式决定的；也就是说，某种格式的所有文件会有相同的环境信息。在不同的实施中，处理方式可以有多种。例如：

- 保存系统 1 使用一个关系数据库系统。它有一个"文件"表格，一行对应一个文件对象；一个"环境"表格，一行对应一组唯一的环境信息。"文件"表格可以连接"环境"表格，获取每一文件的相应环境信息。

- 保存系统 2 使用一个外部维护的注册表获取环境信息。它维护一个文件格式的内部目录，以及访问外部注册表的密钥。环境信息可以通过一个 Web services 与外部注册表的接口访问，需要时可以动态获取。

● 保存系统3使用一个系统,把表现模拟为容器,文件模拟为容器内的对象。每一对象包括一组属性/类型值对。属性定义值的角色。属性和类型定义本身也是对象,其标识来自与其他对象标识相同的命名空间。一个文件对象可以包括一个格式属性。因为格式描述也是一个对象,它可以包括一个环境属性,依次指向一个环境描述对象。或者,一个文件对象可以直接包括一个环境属性。

4.3 元数据存储

PREMIS 实施策略工作组的调查表明,保存系统存储元数据使用了若干不同的结构。最常见的是,元数据存储在关系数据库表。元数据也经常存储为 XML 数据库中的 XML 文档,或与内容数据文件一起存储的 XML 文档。实施者大部分都在使用两种或多种方法。

在数据库系统中存储元数据元素的优点是:访问速度快、更新容易、查询和报告使用方便。把元数据记录作为保存系统存的数字对象和元数据描述的数字对象存储在一起也有优势:较难把元数据和内容分开,应用于内容的同一保存策略可以应用于元数据上。对实践的建议是对关键的元数据进行存储,这两种方式都使用。

复合对象需要结构元数据来描述对象的内部结构及其部分之间的关系。在 PREMIS 数据字典中,以"related"和"linking"开头的语义单元可以用来表示某种简单的结构信息。但在复杂情况下,对象的表现、导航等处理经常需要用到标记丰富的结构元数据,因此,对于国家图书馆各种复杂对象的统一管理,推荐采用 METS 标准进行结构描述。这样,包含结构元数据的文件是一个文件对象,依照其本身的形式而保存。不管一个独立结构元数据的文件是否作为表现的一部分而存在,当一个存档表现输出到另一个仓储时,链接文件和表现的元数据都应该要提供。

4.4 提供元数据值

大多数保存系统会处理大量材料,因此应该尽可能让元数据的创建和使用自动化。很多 PREMIS 语义单元的值可以通过程序解析文件获取,或可以作为保存系统摄入程序的常数提供。在人工干预不可避免的情况下,实施时可以为需要代码值的语义单元配上一个允许文本解释的语义单元。

当向保存系统提交对象的个人或组织提供信息时,对保存系统的操作建议是尽可能通过程序校验这一信息。例如,如果一个文件名包括一个文件类型扩展名,保存系统就不应该假定该文件扩展名的格式自明,而应该试图在将其记录为元数据前校验文件格式。

为了便于自动处理,建议对许多 PREMIS 语义单元使用受控词表。PREMIS 假定保存会采纳或定义对其有用的受控词表。数据字典指出了在哪些地方最好的方法是要使用受控词表。

国家图书馆在具体实施中可以选择所使用的词表,并说明使用的是哪个词表。是否以及如何确认使用了适当值是实施的考虑。本部分3.3小节列出了操作时需要定义的受控词表。PREMIS工作组也建立了一个机制来注册受控词表,和PREMIS语义单元一同使用,并将其以某种方式展示出来,让PREMIS schema包含进去。保存系统可以直接使用它们,或定义自己的词表,但在导出交换元数据时,应当清楚每一个受控词表的来源。如果使用和声明的是共用词表,互用性将会加强。

4.5 PREMIS语义单元的实现

4.5.1 概述

保存系统的环境决定了它需要记录的保存元数据。实际操作中,信息记录和实现的方式更易受正在开发的系统类型的影响。使用XML结构来作为存储和转移机制的项目和保存系统会创建基于元数据元素的系统,该系统的每个元数据被显式记录。而实现关系数据库管理系统的保存系统会在数据库结构和业务规则的设计中,隐式地记录大量保存元数据信息。关系数据库管理系统的数据模型的设计能隐式地捕捉实体间的关系信息,例如对象实体的结构或对象到环境信息的链接。关系数据库管理系统中使用的业务规则能记录所适用的广泛对象类型的信息,而该信息存放于一个元数据元素中,并被多数基于XML框架的保存系统中的每个对象重复。一些保存系统使用这两个方法的组合。

这两种类型的系统中,多数元数据创建方法是内部开发的,能作为一个摄入过程的一部分来执行。几乎所有的保存元数据是在数字对象生命周期的早期阶段创建的。目前只有几种现成的工具可用于实施,例如JHOVE和DROID,它们主要处理技术元数据,因此许多项目用同样的工具来抽取元数据值。更多信息参见第5节的工具部分。

PREMIS数据模型中的语义单元是一个实体的相关属性。一个语义单元可能是包含其他语义单元的容器,也可能是一个具有相关值的单独的单元。语义单元的结构层次可能是一个单独的语义单元(称作单元)或一组语义单元(容器),这取决于这些单元的具体实现。通常讨论整组语义单元的应用,而不是单个的单元。适用性、必备性和重复性直接取自PREMIS数据字典中的规定。

在实现语义单元时,通常需解决两个问题。第一个问题是什么值要被保存到对应的语义单元里,包括要使用哪些值的决策过程。第二个问题是怎么创建这些值,从而能在系统中实施和记录。例如,对于对象标识符这个语义单元,保存系统必须决定需要的标识符类型(通常是一个策略决策),然后实现一个工具来生成这些标识符。

需要说明的是,国际上现有的保存系统中都只是部分地采用了PREMIS数据字典中的语义单元,因此本部分中这些内容也只是调查了目前保存系统中的部分PREMIS语义单元,分析其具体实现方法,为国家图书馆的具体实施提出建议,作为参考。

4.5.2 对象标识符(objectIdentifier)

语义单元名称:对象标识符

结构层次:容器

适用性:表现,文件,比特流

必备性:必备

重复性:可重复

实施建议:对象标识符可以在数字对象被提交到保存系统时创建,也可在系统外创建后作为其元数据和数字对象一起提交到保存系统。标识符可由系统自动生成,也可由人工分配。为了确保其唯一性和可用性,建议由系统自动生成的标识符作为主要标识符,系统外分配的标识符作为第二标识符,以便系统从数字对象链接到系统外的信息。

现有的保存系统很少提到内部标识符,因为多数保存系统能创建它们,作为一个标准特征。为了生成唯一的存档标识符,荷兰皇家图书馆(KB)实施了国家书目编码(NBN),而Portico采用了John Kunze开发的名为NOID的工具。国家图书馆也需要开发一个唯一标识符系统以支持本必备语义单元的取值。

4.5.3 对象类型(objectCategory)

语义单元名称:对象类型

结构层次:单元

适用性:表现,文件,比特流

必备性:必备

重复性:不可重复

实施建议:根据元数据和对象的保存需求,保存系统应可管理多种对象类型(表现、文件、比特流)。对象类型描述了是否一些元数据适用于一个表现、文件或比特流。处理这个语义单元有两种不同的方法,这取决于保存系统的具体实现。它或者用作一个元数据元素,或者用作一个保存系统的隐式结构特征。

在XML框架(如PREMIS:对象的XML框架)用于存储元数据的地方,该语义单元用作一个由受控词表填充的元数据元素,并显式地用于链接元数据到一个特定对象类型上。例如,康奈尔大学图书馆和哥廷根大学图书馆的合作项目MathArc在一个XML结构中使用"表现"和"文件",来区分它所管理的两种对象类型。斯坦福数字保存系统(Stanford Digital Repository, SDR)打算采用包含全部三种类型的受控词表:"表现","文件"和"比特流"。

第二种实现方法的应用场景是该语义单元不被显示记录,而隐含在保存系统的结构中,例如在一个关系数据库中。数据模型通常关系到一个反映对象类型层次结构中的对象实体。表现实体往往链接到一个或多个文件实体,而且文件实体可以链接到零个或多个比特流实体。因此,这个层次关系通过在层次中安置实体/对象,隐式地记录了对象类型。例如新西兰国家图书馆(National Library of New Zealand,NLNZ)系统就以这种方式管理表现和文件。新西兰国家图书馆的国家数字遗产档案馆(National Library of New Zealand,National Digital Heritage Archive,NLNZ NDHA)还将通过元数据管理比特流。

一个保存系统如果只管理一个级别的对象,可能不会用其他的方法来记录这个语义单元,因为它对所有对象的操作都是一样的。例如,美国国会图书馆的国家数字报纸项目(National Digital Newspaper Program,NDNP)描述对象都指向文件级,并不明确记录对象类型。

4.5.4 保存级别(preservationLevel)

语义单元名称:保存级别

结构层次:容器

适用性:表现,文件

必备性:可选

重复性:可重复

实施建议:保存系统可以描述适用于它们对象的保存级别。但不同系统对保存级别的表达却不同。一些保存系统认为保存系统的目的就是为某种类型的对象[如,"是数字原件"(is-DigitalOriginal)]提供保存服务。其他保存系统则使用一些反映当前存储能力的术语来保存对象的格式(如,"比特级")。根据保存系统的目的,可以选择是把系统内的所有资料(material)记作一个保存级别,或者为对象的一或多个属性提供几种有限选择。

有两种类型的保存系统可能选择单个的保存级别。第一种类型由于它们所获取的对象类型,具有受限的保存前景。例如美国国家冰雪数据中心(National Snow and Ice Data Center,USA,NSIDC),它主要收集科学数据集,并把这些数据描述为只能以比特或字节级保存。数据本身可能并不具有表示特征。因此,只需决定这些数据(以及它的附属文档和元数据)是否应保存,而不用决定它们应该以什么级别保存。然而,NSIDC 实际上不但记录保存级别,而且评估其是否有其它的适用条件,以备将来开发时进行保存级别决策。

第二种类型目前保证只适用于单个保存级别,它同等看待所有的内容,并且无论什么对象都保证应用同一级别。例如英国国家档案馆(The National Archives,UK,TNA),它旨在为所有的对象应用相同级别的保存承诺(preservation commitment)。另一个例子是荷兰皇家图书馆(Koninklijke Bibliotheek,KB),它认为所有的资料(material)是最重要的,并保证保留所有对象的"观感"。在上面这两个例子中,保存系统都只选择一种级别的保存承诺,它们可以只在策略级别记录决策,而不需要在每个对象的元数据中都记录决策。

保存级别最常见的应用是为保存系统从一个替换定义的保存承诺(preservation commitment)级别中选择一个值。下表包含了这些级别的一些取值的例子,国家图书馆可以在定义自己的保存级别取值受控词表时作为参考。

保存级别术语(terms)示例

保存系统	保存承诺		
	高级	中级	低级
新西兰国家图书馆(NLNZ)	是保存原本	是数字原件	是访问复本
英国 SHERPA 人文数据服务数字保存项目(SHERPA DP)	00(完全)	01(仅内容)	02(比特级)
Portico	完全支持	适当措施(Reasonable effort)	字节保存
Florida Digital Archive(FDA)	完全(完全保存)	比特(仅比特级)	无(不存档)
Deep Blue Michigan	1 级(最高)	2 级(限制)	3 级(目前状况)

理想情况下,保存级别的选择可以基于一系列标准自动执行。这些标准是明确定义的,并且根据保存系统的业务规则进行编码。为了自动化,最安全的选择可能是把一个保存系统的最高级保存承诺作为默认值,除非另有说明。下表列出了几个保存系统决定其保存级别的标准,国家图书馆需根据自己的保存策略确定自己决定保存级别的标准。

决定保存级别的标准示例

保存系统	决定保存级别的标准
NLNZ	存储细节,对象生命周期
SHERPA DP	适于保存的文件格式,保存权利
Portico	格式和格式有效性
FDA	存储者帐户协议
Deep Blue Michigan	文件格式预期寿命

参考目前的一些保存系统,国家图书馆可以定义三个保存级别,即完全保存、比特级和不保存,对过程数据不进行保存,并对不同类型的资源定义不同的保存级别,具体可参考如下:

(1)文本类型

文本格式	保存级别
PDF	完全保存
SGML	完全保存
XML	完全保存
HTML	完全保存

文本格式	保存级别
TXT	完全保存
DOC	完全保存
PPT	完全保存
XLS	完全保存
国图自有格式	完全保存
其他格式	比特级或者不保存

（2）图片类型

图片格式	保存级别
JPG	完全保存
TIFF	比特级
PNG	比特级
BMP	比特级
GIF	比特级
PSD	完全保存或比特级
其他格式	不保存

（3）音频类型

音频格式	保存级别
WAV	完全保存
MP3	完全保存
WMA	比特级或不保存

（4）视频类型

视频格式	保存级别
AVI	完全保存
MPEG	比特级
WMV	不保存

4.5.5 重要属性（significantProperties）

语义单元名称：重要属性

结构层次：容器

适用性：表现，文件，比特流

必备性：可选

重复性:可重复

实施建议:目前所有的长期保存项目中还没有一个完全为该语义单元开发的词表,而且它们以不同的级别使用重要属性,从文件级到语义实体资源。因此需要更多的数字资源保存经验,来确定最好的表示重要属性和重要属性修改的方法。

美国国会图书馆的国家数字报纸项目(National Digital Newspaper Program,NDNP)使用重要性质来记录任何文件可违反的规则。也就是说,NDNP 已经为所有文件格式制定出详细的纲要,而且在某些情况下,这些纲要可以违背。NLNZ NDHA 在保存策略中记录与表现级别相关的重要属性,而不太可能记录在各对象中。KB 不打算以对象级别记录重要属性。它们把重要属性与一类对象或"资源"相关联。英国 SHERPA 人文数据服务数字保存项目(SHERPA Digital Preservation Project at the Arts and Humanities Data Service, UK, SHERPA)专门构造重要属性以适用电子预印本。一个电子预印本的重要属性能识别一些特别的属性,这些属性必须通过以后的保存动作(如迁移)加以维护,或可对保存动作产生影响。一个电子预印本的重要属性的最常见的例子包括语义内容(文本和图片),以及文档布局。英国国家档案馆(The National Archives, UK, TNA)描述两个概念上不同类型的属性,它们对数字对象非常重要。它们讨论了将语义实体的不变属性和表现的技术属性进行混合。不变属性是那些对真实性至关重要的记录属性,它必须能保存较长的时间,并不受不同表现形式限制。TNA 以语义实体级别联合这些属性,因为它们关系到概念记录。TNA 打算通过分析组成文件,测度任何给定表现的不变属性。这些测度会允许迁移结果的验证,并提供这些属性的容许公差的定义。技术属性随着一个表现的每个表现形式而改变。Stanford 使用适用于所有格式的技术元数据的重要属性,但不包括某些格式技术元数据框架。

NDNP,SHERPA,TNA 和 Stanford 都为重要属性提供了一些专有格式对象特征的技术属性。或许这造成了一个误解,PREMIS 到底打算利用重要属性解决什么问题,但这肯定会指明在专有格式保存元数据方面的未来工作需求。

国家图书馆在具体实施长期保存的过程中,可以对此语义单元进行扩展,增加"文献类型",用"文献类型"语义单元首先确定长期保存数字对象的类型,再分别对不同类型的文献定义各自的重要属性类型和值。"文献类型"语义单元的取值可以是文本、图片、音频、视频等。具体扩展参考如下:

1.4　重要属性(significantProperties)

1.4.1　重要属性类型(significantPropertiesType)

1.4.2　重要属性值(significantPropertiesValue)

1.4.3　重要属性扩展(significantPropertiesExtension)

1.4.4　文献类型(documentType)

1.4.4.1　文本（text）

1.4.4.1.1　格式（textFormat）

1.4.4.1.2　字符集（characterSet）

1.4.4.1.3　语言（language）

1.4.4.1.4　内容（content）

1.4.4.1.5　页数（pages）

1.4.4.1.6　页宽（pagewidth）

1.4.4.2　图片（image）

1.4.4.2.1　格式（imageFormat）

1.4.4.2.2　色彩（color）

1.4.4.2.3　像素（pixel）

1.4.4.2.4　压缩率（compressionRate）

1.4.4.3　音频（audio）

1.4.4.3.1　格式（audioFormat）

1.4.4.3.2　音色（toneColor）

1.4.4.3.3　信号模式（signalMode）

1.4.4.3.4　比特率（bitRate）

1.4.4.3.5　信噪比（signalNoiseRatio）

1.4.4.3.6　音频编码方式（audioEncodedMode）

1.4.4.4　视频（vedio）

1.4.4.4.1　格式（vedioFormat）

1.4.4.4.2　帧数（frames）

1.4.4.4.3　扫描模式（scanMode）

1.4.4.4.4　分辨率（resolutionRatio）

1.4.4.4.5　像素格式（pixelFormat）

1.4.4.4.6　色彩空间（colorSpace）

1.4.4.4.7　视频品质（vedioQuality）

1.4.4.4.8　位元传输率（bitTransferRate）

1.4.4.4.9　视频编码方式（vedioEncodedMode）

4.5.6　对象特征（objectCharacteristics）

语义单元名称：对象特征

结构层次：容器

适用性:文件,比特流

必备性:必备

重复性:可重复

实施建议:文件或比特流存在一些重要技术属性适于任何格式的对象。对象特征中的所有元素是适用于一个组分级别的一个对象的信息集合,对于两个或多个编码程序协作(如压缩和加密)产生的对象,其对象特征可重复,每重复一次将增加一个组分级别。一个加密对象,其对象特征必须包含一个必备元素。文件内嵌的比特流的对象特征不同于文件的对象特征,如这些特征有助于对象保存,则需记录。当一个单独文件与一个表现形式等价时,可采用对象特征并与表现形式相关联。在这种情况下,组成表现的文件和其他相关的文件可能用关系子类型表示。

对象特征语义单元包括组分级别、固定性、大小、格式、创建程序、限制信息几个语义组分,下面分别分析其在几个系统中的实现情况。

4.5.6.1　组分级别(compositionLevel)

语义单元名称:组分级别

结构层次:单元

适用性:文件,比特流

必备性:必备

重复性:不可重复

实施建议:组分级别一般由系统自动赋予,对于保存系统创建的对象,其组分级别必须由创建程序记录并形成元数据;对于呈缴来的对象,系统须从对象中识别出其组分级别或从外部元数据中获取。一个文件或比特流可依赖于多个编/解码程序。比如,文件 A 被压缩后形成文件 B,文件 B 被加密后形成文件 C。如果想恢复得到文件 A,首先需要将文件 C 解密形成文件 B,然后将文件 B 解压缩,从而得到文件 A。

组分级别排列从低到高,第一级为"0","0"级是基础级别,表示该对象是最基本的对象,不能再进行任何解码操作;组分级别"1"和更高的组分级别,说明该对象需要一个或多个解码程序来恢复成基本对象。如果系统仅有一个组分级别,那么"0"作为默认值。

当多个文件(作为文件流)被封装到一个文件包时(如一个 ZIP 文件),每一个文件对象都不是一个文件包的组分级别,他们应该被认做是分开的不同的文件,每一个文件都有其组分级别。例如,对于两个被加密的文件压缩成的一个 ZIP 文件,系统需要分开描述三个不同的文件,每一个文件附带其元数据。那两个加密的文件的存储位置(storage location)需指向 ZIP 文件,但 ZIP 文件只能有一个组分级别"0",它的格式是"zip"。

多数保存系统似乎想记录对象的组分级别,无论它们要获取捆绑的对象还是加密对象。

保存系统可能不愿用压缩或加密来存储对象,因此,它们把此项记为一个业务规则而非对每个对象都记录此项,以满足这个语义单元的必备要求(必备意味着档案必须"知道这个信息")。有的保存系统的策略是不存储压缩或加密的对象但要确认它们的 XML 框架,例如 MathArc,这样的保存系统可能把这个必备语义单元记为缺省值"0"。

4.5.6.2　固定性(fixity)

语义单元名称:固定性

结构层次:容器

适用性:文件,比特流

必备性:可选

重复性:可重复

实施建议:固定性用来校验一个数字对象在系统没记录或未授权的情况下是否被改变的信息,由系统自动计算并记录。多数应用程序使用至少一个校验和算法来计算一个电文摘要,其中最流行的是 MD5 和 SHA-1 算法。现有的长期保存系统中,NLNZ NDHA 和佛罗里达数字存档(Florida Digital Archive,FDA)都既使用 MD5,也用 SHA-1 校验和,只有 Portico 这个系统使用 SHA-512。国家图书馆可参考已有系统,采用一种或两种校验方式。TNA 还创建了另一个元素"固定性方法"来补充电文摘要算法(固定性类型)。因此,固定性类型描述了所用算法的类型(如,"MD5 摘要算法"),而固定性方法描述了产生信息摘要所用的工具(如,"MD5 Summer 1.1.0.22")。其固定性类型使用一个受控词表。

保存系统可接受附带电文摘要的文件,通过比对系统就可知道接受的文件是否就是被提交的文件。保存系统也可接受不附带电文摘要的文件,但须在接受文件时执行校验算法生成初始的电文摘要。系统记录电文摘要的创建者有利于保存管理。电文摘要语义单元在所调查的保存系统中普遍使用,并遵守 PREMIS 数据字典中的定义,而只有一半的保存系统记录了电文摘要创建者(messageDigestOriginator)。为了实现自动化,建议在使用中,或能自动添加,或在受控词表选取。

另外需要注意的是,目前所进行的长期保存项目都只在文件级使用校验和,不在比特级使用。校验和通常在摄取工作流阶段计算,或一个校验和在保存系统接收前就被创建,而在摄取过程中进行检查。例如,FDA 中任何在摄取时提供的文件校验和都要进行验证,如果不匹配就拒绝该对象。使用校验和算法的保存系统可以选择是否在元数据元素中记录电文摘要算法,并规定为一项业务规则。

4.5.6.3　大小(size)

语义单元名称:大小

结构层次:单元

适用性:文件,比特流

必备性:可选

重复性:不可重复

实施建议:文件或比特流的比特大小可用来确保对象被正确获取,也可用来告知一个系统应用是否有足够的空间来移动或处理文件。尽管是可选的语义单元,现有的保存系统都记录了文件的大小,以字节为单元。KB 还记录了"表现"的整体大小,虽然 PREMIS 数据字典中通常认为该级别的大小不适用。捕捉文件大小是系统的常见功能,一般被加入到摄取工作流中。例如,苏格兰国家档案馆数字数据存档项目(National Archives of Scotland, Digital Data Archive,NAS DDA)提出使用 Visual Basic 功能来产生该元素。

4.5.6.4 格式(format)

语义单元名称:格式

结构层次:容器

适用性:文件,比特流

必备性:必备

重复性:可重复

实施建议:PREMIS 需要记录格式标记(formatDesignation)或格式注册中心(formatRegistry)语义单元。建议除记录格式标记,例如 MIME 格式外,还应该记录格式的版本信息。一些保存系统开发了复杂的格式识别规则,有些系统只采用最简单且可能不精确的方法。澳大利亚可持续保存联盟(Australian Partnership for Sustainable Repositories,APSR)推荐同时使用格式标记和格式注册中心,以防注册失败或在需要时不可用,认为本地记录该值可为报告或管理功能提供有用信息。Portico 在识别过程中使用 MIME 类型,也记录了更多的格式信息。TNA 使用 DROID 来识别文件格式和版本,它结合了内部和外部签名,而且分配一个 PRONOM 唯一标识符(PUID)用于存储,这个标识符等价于格式注册中心表。PUID 作为指针指向 PRONOM 中具体格式和环境信息。NLNZ NDHA 使用 NLNZ 元数据抽取工具来识别资源中最常见文件的格式和版本。文件的主要格式会附带文件级别相关元数据。如果抽取出附加的比特流元数据,就添加一条新元数据值来记录比特流信息。

系统需在接受文件或比特流时确定其格式,这可直接从提交者提供的元数据来确定,也可从其文件扩展名来识别。建议系统尽可能地采用中立的方法,分析对象后确定其格式。如在接收对象时无法确定其格式,就需先将其格式记录为"未知(unknown)",然后系统需尽量识别其格式,包括通过人工干预的方法来确定。

格式注册中心(formatRegistry)

语义单元名称:格式注册中心

结构层次:容器

适用性:文件,比特流

必备性:可选

重复性:不可重复

实施建议:要实现数字资源的长期保存,需要开发和维护一批格式注册中心,还应建立基于网络的全球数字格式注册中心(Global Digital Format Registry),实现格式信息的全球共享。

现有的保存系统有使用本地格式注册系统的,也有使用外部格式注册中心的。KB 使用自己开发的内部格式注册中心,但它并非链接到对象元数据,而是直接嵌入保存管理系统中。详述见"环境"语义单元。APSR 更喜欢使用普遍适用和综合的注册中心,并允许提供多个注册中心的链接。Portico 基于与全球数字格式注册中心(Global Digital Format Registry,GDFR)建立链接的目的进行开发。TNA 使用 DROID 来提供 PUID 作为格式注册中心值,链接到 PRONOM 注册中心,不再需记录格式注册中心名称或角色。NAS DDA 打算使用 PRONOM 作为它的注册中心,而且格式注册中心域由 DROID 填充。格式注册目的是希望对象格式可以在多个地方应用共享,并为人所知,但也可能某种格式的数据是某些特定软件产生出来的,例如国家图书馆的地方志格式。对这种格式的详细信息以及相关支持软件的记录会有助于特定格式的理解和保存。因此建议国家图书馆在通用格式的注册选择上采用 PRONOM 作为注册中心,以实现格式信息的共享。一些私有格式要通过系统设计的内部格式注册来标识。

4.5.6.5 创建程序(creatingApplication)

语义单元名称:创建程序

结构层次:容器

适用性:文件,比特流

必备性:可选

重复性:可重复

实施建议:创建程序的版本和创建日期等信息,对系统解决问题是有用的,例如,某些版本的软件会带来格式转变错误或产生衍生数据。本组语义单元既适用于系统外创建的对象,也适用于系统内创建的对象(如通过迁移)。如果对象是由系统创建的,创建程序信息需由系统直接赋予。如果对象是在系统外创建的,那么创建程序信息应该由提交者提供。系统也可以从对象文件中萃取创建程序信息,因为创建程序的名称经常是内嵌在文件中的。创建程序是可重复的,如果多个程序处理了对象,例如一个 Microsoft Word 的 doc 文件被 Adobe Acrobat 转化成 PDF 文件,需同时记录 Word 和 Acrobat 的详细信息。如果系统同时保存这两个对象,每一个对象都应该作为一个对象实体来描述,并通过关联信息中的关系类型(relationshipType)的"derivation"来实现关联。作为可重复的语义单元,可用来记录对象被提交前的创建程序,也可以用来记录收缴过程中使用的创建程序。例如,一个 HTML 文件在提交到系统前是由

Dreamweaver 创建的,由网络蜘蛛 Heritrix 收割并形成一个网页快照,而这一过程是收缴过程的一部分。这里仅提供创建程序的最基本的信息,可仿照环境语义单元来设计。每个保存系统可不必本地记录这些信息,最好是建立一个类似格式或环境的注册中心。

4.5.6.6 限制信息(inhibitors)

语义单元名称:限制信息

结构层次:容器

适用性:文件,比特流

必备性:可选

重复性:可重复

实施建议:限制信息由系统在接收对象时获取,并不是由系统自动提取。一般来讲,不能通过分解一个文件来断定其是否被加密,因为文件可能是 ASCII 文本。因此,限制信息应由提交者作为对象元数据的语义单元,在提交时和对象一起提供。

许多保存系统不记录限制信息。例如,KB 规定如果对象包含限制信息,那么不允许对象提交,因此记录为空。TNA 把限制信息记录在对象的重要属性里,而不是作为一个单独的元数据语义单元。FDA 在摄取过程中记录所发现的限制信息,但作为格式确认事件的值来存储该信息,而不是作为对象的属性。FDA 不记录限制目标或限制口令。AHDS SHERPA 项目期望接收少量具有限制信息的电子预印本,该限制信息是控制访问的主要手段。他们更喜欢保存的主文件是没有限制信息的版本,但保留该限制信息,以作为迁移或转化对象时的一个重要属性。他们提议的限制类型的受控词表列出了加密或密码保护的特定类型,并反映了 PRE-MIS 数据字典中的列表:

- DES 加密
- PGP 加密
- Blowfish 加密
- 128-bit RC4 密码保护
- 证书保护

4.5.7 原始文件名称(originalName)

语义单元名称:原始文件名称

结构层次:单元

适用性:表现,文件

必备性:可选

重复性:不可重复

实施建议:原始文件名称一般由提交者提供或由收割程序确定,但文件路径(filepath)的确定由系统来确定。原始文件名称是 SIP 中的文件名称,文件可在不同的语境(contexts)中拥有其他的名称。当两个保存系统交换内容时,接收系统应该知道并记录该表现形式在原始系统中的名字。如果交换的是表现形式,那可能需记录一个目录名。

多数保存系统在摄取过程中获得原始文件名称。这个功能可以直接利用标准文件管理功能自动化。

4.5.8　存储(storage)

语义单元名称:存储

结构层次:容器

适用性:文件,比特流

必备性:必备

重复性:可重复

实施建议:保存系统不能对所管理的内容失去控制,保存系统需要通过程序来分配内容位置(contentLocation)。如果保存系统使用对象标识符作为提取数据的句柄(handle),则内容位置(contentLocation)是潜在的,系统无需记录。系统要知道内容位置的值,首先需知道对象保存使用的位置编码方式(location scheme)。它可以是完全可靠的路径和文件名,也可是解析系统(resolution system,比如 handle)或存储管理系统中的信息。对比特流或文件流来说,它可能是参考点和比特流的偏移量。另外,保存系统应该决定记录的粒度大小,还需知道对象存储的载体,以便于决策何时如何进行载体更新和载体迁移。虽然某些情况下,存储载体可由存储管理系统(storage management systems)管理,但保存系统强调控制,而且还需管理技术过时(technological obsolescence)。

虽然所有保存系统目前都知道怎样定位它们的对象,但很少会在元数据中显式地记录这些值。NLNZ NDHA 为文件分配一个定位值,该过程由存档系统管理。当比特流信息被提取出来时,也希望元数据提取器或格式识别工具能记录文件偏移或比特流长度,以定位比特流。内容位置类型和存储载体被认为是隐含在系统中的,而不是显式地记录在对象元数据中。FDA 记录文件的内容位置值和比特流的内容位置类型和值。这些值由摄取过程创建。存储载体由系统所知,并被名为"TSM"(Tivoli Storage Manager)的当前系统参考,据此可推断出磁带单元。KB 能根据一个对象的功能(如存储或访问),推断这个对象是否光存储或磁带存储。

4.5.9　环境(environment)

语义单元名称:环境

结构层次:容器

适用性:表现,文件,比特流

必备性:可选

重复性:可重复

实施建议:环境是用户和数字内容交互的手段和方法。数字内容离开了其存在的环境将失去作用。这个语义单元的语义组分都是可选的。如保存系统仅采取比特级的保存策略,则可省略环境信息。建议像格式注册中心那样建立一个环境信息的注册中心。如果每一个对象所需的环境和由其构成的表现所需的环境相同,则系统不必保存每一个对象的环境信息,可通过建立继承机制(mechanisms for inheritance)实现。

环境信息很少记录在 PREMIS 数据字典规定的扁平结构中。项目 KB 和 TNA 在开发一个用于处理该信息的系统。这是由环境组件的复杂性和持续变化发展起来的,以支持数字对象的使用。这两个系统都将对象的格式信息和技术需求(包括软件和硬件)联系起来。

KB 将其对象的格式信息以表现级联系到存储在"保存管理器(Preservation Manager)"系统中的环境信息上。保存管理器使用一个由"保存层模型(Preservation Layer Models,PLM)"和"观察路径(View Paths)"组成的结构,来注册存储在其保存系统中的文件格式信息。PLM描述了文件格式怎样关联到运行在系统不同概念层上的软件和硬件。这些层表示类似于PREMIS 软硬件和相关性语义单元的概念。数据格式是高层,下面各分层是每个软件应用程序组件,操作系统和所需参考平台。每一层的描述包括一些属性,例如"名字"、"版本"和"补丁"。一个"观察路径"是与一种文件格式相关的保存层模型实例。最好每个文件格式有多个"观察路径"。这意味着可以有多种方式来访问一个格式,从而增加生存寿命。观察路径的一个特定的好处是可以引起技术的变化,这会反映在一个"观察路径"的创建和折旧(deprecation)上,而不必更新对象元数据。

类似地,TNA 正在开发 PRONOM 注册中心,以提供与格式相关的环境信息。访问对象所需的技术环境在 PREMIS 数据字典环境信息中给予了类似地描述,但并不直接存储在对象元数据中。一个对象的格式采用一个 PUID(PRONOM 唯一标识符)来进行描述,它指向 PRONOM 中的详细描述。在 PRONOM 内,格式信息会提供使用对象所需的软件信息。

4.5.10　签名信息(signatureInformation)

语义单元名称:签名信息

结构层次:容器

适用性:文件,比特流

必备性:可选

重复性:可重复

实施建议:保存系统可在收缴对象时为其附加数字签名,也需要存储并确认数字签名。国外现有的保存系统中只有一个声明使用数字签名,即国会图书馆的 NDNP,而且在 PREMIS 数据字典完成并采用 W3C 的《XML 签名语法和处理》(XML-Signature Syntax and Processing,XML

签名)标准来编码数字签名,并往其 METS 记录中添加元数据之前,该系统就实现了这些签名。这个标准比 PREMIS 签名语义单元更详细。国家图书馆在处理签名信息时,可参考 NDNP 系统。

4.5.11　关系信息(relationship)

语义单元名称:关系信息

结构层次:容器

适用性:表现,文件,比特流

必备性:可选

重复性:可重复

实施建议:保存系统需知道如何将对象的各组成部分(结构关系)进行数字溯源(derivation relationships)后,恢复成复杂的数字对象。记录数字对象的关系是实现这一目标的基本要求。大多数保存系统需记录所有数字对象的关联信息。在复杂场景中,PREMIS 未必能表达足够丰富的结构关系,以作为结构元数据的唯一来源。多数表现结构信息的格式都可用来代替在此定义的语义单元。这些信息必须可获知。文件层次的结构关系在重构一个表现时是必要的,用以实现表现的应用。表现层次的结构关系也是表现显示或应用所需的。比特流层次的结构关系可将一个文件内的多个比特流关联起来。文件和表现层次的关系对于记录数字源流是非常重要的。关于关系信息的具体取值建议见本部分第 3 节。

关系信息总是保存系统中一个复杂的问题,这反映在所调查的保存系统中它们的多种实现方式上。PREMIS 描述了两种类型的关系,组件间的"结构"关系以及表示履历信息的"源流"(derivation)关系。采用 PREMIS 建议的关系子类型的项目只使用了数据字典所列值的一个子集。所选择的子集在每个项目中各有不同。

现有的保存系统中有四个目前不记录任何特定关系信息,虽然它们所用的存储结构可能把具有结构关系的对象组合到一个信息包中。MathArc 也使用 METS 中的 structMap 段来表示一些(不是全部)关系。关系信息语义单元只被用来存储履历信息的源流(derivation)关系。关系类型总是"源流",而且子类型总是"有前任"(has predecessor),因为只有在创建/迁移事件发生时,才提供后向链接。源流关系必须带一个可链接的事件,事件标识符只需要存储在包含事件信息的 METS 文件中。FDA 关系是从表现或比特流单向指向文件。表现通过一个"整零"(has part)关系关联到文件,而比特流通过"零整关系"(is part of)关联到文件。因此,文件间的兄弟关系可由此推断出来。在 TNA 中的关系数据库系统中,结构关系隐含在数据模型设计中,而且不需要子类型。关联对象标识符值只显式地进行记录。事件序列也是隐含的,依靠日期和数据库结构来维护这些关系。

4.5.12　链接事件标识符(linkingEventIdentifier)

语义单元名称:链接事件标识符

结构层次:容器

适用性:表现,文件,比特流

必备性:可选

重复性:可重复

实施建议:它用来链接那些不派生对象关系的事件,例如,格式确认和病毒扫描等。多数保存系统的事件标识符类型取自于内部的编号系统,它可以是潜在的,仅在对外输出数据时提供。

通常事件标识符局限于本系统,因此它可作为一个已知的局部标识符类型,而不必对每个对象都显示记录。多个项目间会混合使用显式和隐式记录事件标识符值,它们的使用只在文件级或者在表现和文件间,这取决于事件怎样联系到对象上。现有项目没有使用等价于这些语义单元的元素,显式地把事件和比特流关联起来。

4.5.13　链接知识实体标识符(linkingIntellectualEntityIdentifierValue)

语义单元名称:链接知识实体标识符

结构层次:容器

适用性:表现,文件,比特流

必备性:可选

重复性:可重复

实施建议:用来链接到与对象相关的知识实体,链接指向知识实体或其可被参考的代用品的描述元数据,可以链接到元数据所描述的比数字对象较高概念层的一个对象的标识符,比如,一个资源或上级对象。

现有的系统中只有 FDA 明确使用该语义单元。保存系统从一个受控词表中选择标识符类型,而标识符的值根据存储者(depositor)所提供的元数据填充。NLNZ NDHA 在数据库结构中隐含该值。TNA 期望来自知识实体的链接能显式地表示,而非来自对象。一些其他的保存系统不打算使用该语义单元。

4.5.14　链接权利声明标识符(linkingRightsStatementIdentifier)

语义单元名称:链接许可声明标识符

结构层次:容器

适用性:表现,文件,比特流

必备性:可选

重复性:可重复

实施建议:通常权利协议适用于一组对象,而不明确记录在单个对象中。详细信息见权利实体部分。

现有的保存系统中目前没有一个实现了这个语义单元,但有两个系统声称可能用到。NAS DDA 和 APSR 提出要使用链接标识符。NAS DDA 会链接表现到权利记录上,并期望权利能平等地适用于一个表现内的所有对象。

4.5.15 事件标识符(eventIdentifier)

语义单元名称:事件标识符

结构层次:容器

必备性:必备

重复性:不可重复

实施建议:保存系统中的每一个事件必须具备一个唯一标识符,并通过它实现与对象、代理,以及与其他事件的关联。事件标识符可由系统自动生成,目前尚不存在事件标识符的全球框架或标准。该标识符是不可重复的。

MathArc、Stanford 和 FDA 显式地记录一个事件标识符,APSR 推荐这样使用。在 MathArc 和 FDA 中事件标识符由标识符类型和标识符值组成。FDA 记录一个局部常量作为标识符值("FDA"),以及其取值。MathArc 中,标识符类型和值都根据项目参与者的保存系统使用。标识符只需要在每一个 METS 流内部是唯一的。这个 MathArc 事件标识符被用来把一个关系链接到一个事件上。Portico 和 TNA 使用一个与 PREMIS 模型不同的结构,而且它们不需要事件实体有一个显式的标识符。

4.5.16 事件类型(eventType)

语义单元名称:事件类型

结构层次:单元

必备性:必备

重复性:不可重复

实施建议:区分事件类型有助于系统处理事件信息,特别有助于生成系统报告。PREMIS 数据字典提供了一些事件类型的建议取值,下表列出了各个系统中事件类型的受控词表,国家图书馆可以据此作为参考,定义自己的事件类型受控词表。

各保存系统中事件类型的受控词表

PREMIS	Partico	MathArc	SHERPA DP	FDA
捕捉(capture)			捕捉(capture)	
压缩(compression)				
下架(deaccession)			下架(deaccession)	
解压缩 (decompression)				
解密(decryption)				
删除(deletion)		删除(deletion)	删除(deletion)	DEL(删除的文件)
数字签名确认(digital signature validation)				
传递(dissemination)				D (disseminated, 传递的)
固定性检查 (fixity check)	事件校验和确认 (EvenChecksum- Verified)		固定性检查 (fixity check)	VC(verified checksum,确认的 校验和)
摄取(ingestion)			摄取(ingerstion)	I(ingested,摄取的)
电文摘要计算 (message digest calculation)	事件校验和计算 (EventChecksum- Computed)		电文摘要计算 (message digest calculation)	
迁移(migration)		迁移(migration)	迁移(migration)	M(migrated,迁移到)
标准化 (normalization)	事件转换文件 (Event-Transformed- File)			N (normalized to, 标准化到)
复制(replication)	事件数据复制 (EventDatCopied)			RM(refreshed media,更新载体)
确认(validation)	事件格式证实(Even- tFormat-Verified) 事件格式证伪(Even- tFormat-VerFailed)		确认(validation)	
查毒(virus check)	事件病毒扫描 (EventVirus-Scanned)		查毒(virus check)	CV(checked for virus,检查病毒)

PREMIS	Partico	MathArc	SHERPA DP	FDA
	事件格式识别（EventFormat-Identified）			
	事件 Tmd 提取（EventTmdExtracted）			
	事件状态失活（EventStatusInactive）			
	事件保存级别改变（EventPreservationLevelChanged）			CPD/CPU（changed preservation level downward/upward，向上/下改变保存级别）
	事件文件增加（EventFileAdded）			
	事件文件创建（EventFileCreated）			
	事件格式改变（EventFormatChanged）			
		替换（Replacement）		
		更新资源元数据（UpdateAssetMetadata）		
		不一致性发现（InconsistencyDiscovered）		
			重发请求（Resub_request）	
				DLK（down-loaded link，下载链接）

PREMIS	Partico	MathArc	SHERPA DP	FDA
				L（localized to,局限于）
				WA（withdrawn by archive,从档案中提取）
				WO（withdrawn by request of owner,根据拥有者的请求提取）
				Unknown（不知道）

4.5.17　代理标识符（agentIdentifier）

语义单元名称:代理标识符

结构层次:容器

必备性:必备

重复性:可重复

实施建议:代理实体集成了数字对象的生命周期中,与权利管理、保存事件相关联的代理（人、机构、软件）的属性和特征的信息。所有的代理信息用来准确确定一个代理。唯一的必备性语义单元是代理标识符。

许多保存系统使用某些形式的代理实体。然而,它们对代理的具体实现各不相同。这通常是因为同一个组织中的其他系统也包含代理实体,例如人和组织。这正是 PREMIS 所期望的,也是 PREMIS 数据字典中的代理实体只有很少的详细信息的原因。

TNA,NLNZ NDHA 和 FDA 都在系统的其他地方记录代理信息,但最好把它映射到 PREMIS 代理实体。Portico、MathArc、APSR 和 NAS DDA 使用专用的代理实体,以供保存元数据和系统的其他部分使用。APSR 和 NAS DDA 描述了包括软件在内的可能代理类型列表。正如 PREMIS 数据字典中所列出的,它们建议使用代理来记录人,组织或软件。

根据实际的应用情况,代理实体可以扩展一个语义单元:代理职能（Role）。通过此语义单元可以更详细地说明每个代理类型的不同职能,例如代理类型为人,其职能可以取值为用户、出版者、供应者、元数据加工员等。建议为此语义单元建立受控词表进行取值。

4.5.18 权利声明(rightsStatement)

语义单元名称:权利声明

结构层次:容器

必备性:可选

重复性:可重复

实施建议:权利是版权法或其他的知识产权法律规定的代理所享有的权利。一个保存系统可能需要记录一些权利信息,这包括适用于外部代理和外部数字对象的权利声明和许可声明。一个保存系统需要知道的最小范围的核心权利信息是,保存系统对其所保存的数字对象可采取的被授权的保存行为。

各保存系统间对权利的处理也很不相同,而且可能区别于 PREMIS 数据字典中的权利实体。NAS DDA 提出使用所有对应于权利语义单元的元数据元素,该实体会链接到表现级。目前 Portico 为权利元数据提供一个位置标识符,而且它只是把元数据链接到与内容相关的存储者(depositor)合约上。该合约或协议也存储在系统内。NLNZ NDHA 会生成一个许可声明,该声明由存储者(depositor)或基于保存系统业务规则(例如,图书馆策略)手动填表输入的信息产生。通常这是一个保存终端的自动过程。TNA 记录知识属性实体,并描述访问条件,该访问条件与知识对象级的记录、结束、干扰内容等相关。这个信息只确认版权所有者和任何限制信息。MathArc 仅使用基于 OAI 资源的权利信息。在使用权利上的另一个不同是链接权利到一类对象,而不是单个对象,例如 SDR。所以,权利实体不必链接到单个对象上,然而所有的 PREMIS 语义单元被用于记录除了授权代理(grantingAgent)外的权利信息。SDR 使用一个模板来填充权利元数据,该模板提供一些值和受控列表。

5 元数据自动抽取

5.1 概述

长期保存元数据可能来自已存的记录、策略和文档,被存储器支持,且被记录为保存过程的一部分,也可能是从资源中提取的。考虑到需求或可用的元数据数量,元数据获取过程最好自动化,尤其是从资源中提取的元数据。元数据自动抽取的一般过程是:首先,对数据来源进行必要的预处理,剔除在格式、内容等方面存在问题或严重缺失的文档;其次,经过元数据抽取模块的处理,生成符合规范定义的文档元数据,并将结果存储在与具体系统相关的数据库中。

目前国内外对元数据自动抽取已有不少研究,尤其是国外的一些长期保存项目还开发了相应的元数据自动抽取工具,本指南选取其中几个对其功能、能抽取的元数据信息以及输出格式进行简单介绍,以便在开发国家数字图书馆长期保存系统时参考借鉴。

5.2 DROID(Digital Record Object Identification)

DROID 是 2005 年由英国国家档案馆数字资源长期保存小组开发的,能实现对批量文件格式的自动识别,其目的是满足任何数字知识库准确识别所存储数字对象格式的基本需要。

DRIOD 的主要功能是尽可能准确地识别大量的文件格式和版本信息。当可能实现多个匹配时,例如,一种格式的多个版本包含相同的签名字节序列,所有的匹配和匹配的程度(例如,不定的,确定的)都被列出来。DRIOD 还可以指出文件格式(通过内部签名识别)和文件扩展名之间可能的不匹配。

DRIOD 所能识别的格式范围比其它列出的工具(JHOVE 和新西兰国家图书馆元数据提取工具)都广泛,并能指出持久唯一标识符(PUID),国家档案馆注册中心 PRONOM 能识别的格式都分配了 PUID。然而,它不从文件中提取更多的元数据,也不提取通用元数据(例如,创建日期等)。

保存系统能利用 DRIOD 来提供文件格式识别信息,获取以下 PREMIS 必备语义单元:

- 格式
  ○ 格式名称和/或格式注册中心名称和格式注册表

目前,DROID 仅能实现对文件 PUID(PRONOM 唯一标识符)、MIMEType(资源的媒体类型)、Format(格式)、Version(签名版本)、Status(状态说明)、Warning(警告信息)的识别。从识别的结果看,DROID 只能对电子文档的外部特征进行识别,对其内容特征如作者、时间等元数据则无法自动抽取。并且,DROID 不能对所有类型电子文档的外部特征进行识别,如不能识别 RM 格式。DROID 的功能是不断完善和发展的,今后会添加对软件类型、硬件环境、压缩算法和字符编码机制的扩展识别。DROID 的处理结果可选择 XML、CSV 格式存档,还可以进行打印和输出结果预览;中英文文档都能被识别,可满足处理中英文文献的需要。

5.3 NLNZ Metadata Extraction Tool

NLNZ Metadata Extractor(简称 Metadata Extractor)是由 SytecResources 为新西兰国家图书馆开发的,主要用于处理数字化文档和提取元数据信息。它能从多种格式中提取元数据,包括 TIFF、JPEG、GIF、BMP、WAV、MPD、HTML、PDF、MS Word 2、MS Word 6、Word Perfect、MS Excel、MS PowerPoint、MS Works、Open Office。它可以通过一个特定的模块"适配器"提取元数据,并能以"本地适配器"模式或遵守新西兰国家图书馆元数据保存的模式输出 XML。

其可抽取的元数据信息主要为:元数据项(文件名、URL、URI、文件类型、修改时间等)、文件类型元数据(软件相关 ID 信息、开发商、版本、加密算法等相关信息)。

该工具抽取的结果以 XML 形式保存,能直接导入到元数据保存仓储和机构知识库中。该抽取工具从电子文档的头文件中抽取元数据信息,不能对电子文档全文进行抽取。抽取的字段大都是电子文档的外部特征,如文档名称、类型、修改时间、URL、软件版本等,重要的内容特征如题名、作者、文摘、引文等字段还不能抽取;并且对中文文献不能进行有效的元数据抽取,文件名中中文字符无法显示,只能显示英文和数字部分。

5.4 Matadata Miner Catalogue PRO

Metadata Miner Catalogue PRO(简称 Catalogue)是由 Soft Experience 开发的商业软件,主要可用于抽取题名、作者、主题、关键词等描述性元数据信息。Catalogue 可从 Microsoft Office、Open Office、Star Office、Visiodocument、HTML、PDF、JPEG、TIFF、PSD 文档中实现元数据的自动抽取。

针对不同格式的文档,该工具主要可抽取的元数据信息为:文档类别、题名、作者、主题、关键词、页数、段落数、行数、创作修改时间、PDF 文档的版本、图片编辑状态等。

Catalogue 对整个文件夹或多个文档进行识别,自动抽取出元数据信息,并可对自动生成元数据进行修改和补充。在抽取元数据前,用户可自定义需抽取元数据的字段。Catalogue 提供 HTML、CSV、Word、XML 格式的元数据报告,以后还可以生成 Excel 报告。XML 格式的元数据报告可直接用于数据交换和共享,还可以用 XML 专业工具将 XML 输出文档整合到元数据数据库中。

不过该工具对中文文献则不能实现元数据的正常抽取。

5.5 JHOVE(JSTOR/Harvard Object Validation Environment)

JHOVE 是 JSTOR 和哈佛大学联合开发的一种用于对象验证的可扩展框架(JSTOR/Harvard Object Validation Environment,JHOVE),它最初设计的目的是识别多种格式,并根据它们声称的格式验证文件。它也能识别格式子类型和版本。在特性描述文件中,JHOVE 也能从多种格式中提取技术元数据,并输出 XML 编码或简单文本。

目前,它的模块能描述 12 种主要的格式类型,包括这些格式的大约 52 个版本或不同的子类型。目前能识别和提取元数据的格式范围包括:TIFF(包括 DNG)、JPEG、JPEG200、GIF、WAV(包括 BWF)、AIFF、HTML、XML、ASCII、UTF-8、PDF(包括 PDF/A)、"字节流"。如果某种格式无法识别,它被归入"字节流"类,并且总合法有效。

它能提取的元数据相当广泛。对于图像和音频,该工具能输出 XML,静态图像转化成 MIX 模式,音频对象和时间码格式转化成音响技术工作者协会(AES)模式。

5.6 建议

从上述介绍的几个工具可以看出,国内外对元数据抽取技术的研究和探索,为进行元数据自动抽取实践提供了一定的技术支持和理论依据。然而目前元数据自动抽取技术也还存在着很大的局限性,还有许多问题需要解决,例如电子文档的格式有所限定,元数据自动抽取工具对内容元数据的抽取效果欠佳,未实现与数据库系统的有效集成,中文文献元数据自动抽取研究尤其有待提高。国家图书馆在开发长期保存系统的过程中需将现有的元数据自动抽取工具进行汉化,提高其处理中文文献的能力;并在此基础上进行二次开发,设计与具体数据库系统交互的开放接口,实现元数据自动生成并导入相关数据库,才能真正满足国家数字图书馆长期保存的需求。

6　虚拟情景应用实例

保存元数据的应用场景包括:

- 提供长期存取—允许在未来的某一时间点,数字对象能被检索和发现。
- 支持数字对象的存取、传递、显示和执行,并保障传递的内容被读者解读和理解。
- 证明数字对象的真实性,并记录数字对象变化的历史。
- 监测并发现存在风险的数字对象,以采取保护措施。
- 支持保存系统的规划和管理,例如,评估在特定的数字对象集上执行特定任务所需的资源(如时间、存储容量)。
- 能恢复和重建数字对象,例如,在转换过程发生若干年后才发现存在错误。
- 能够向另外的保存系统交接保管权并传递一个、多个或全部的数字对象。

这些假想的场景看似简单,但却足以代表复杂的可能发生的情况。因为无法预见 10 年后会发生什么情况,更别说长期保存了。因此,明智的做法是收集尽可能多的元数据"以防万一",因为当未来出现问题时,可能无法及时获取元数据。

PREMIS 数据字典对于记录事件有如下阐述:"事件是一个动作,该动作涉及至少一个保存系统已知的对象或代理。""修改(也就是,创建一个新版本)数字对象的动作文件对于维护履历信息至关重要,是真实性的关键元素。""即使动作没有做出任何改变,例如对象的有效性和完整性检查,也要重点加以记录,以方便管理。"

这些要求主要涉及上述环境下的事件,即与数字对象"原版"或存档用副本("master" or archival copy)的保存相关的动作。人们认为保存系统通常除了保存外还有其他目的,而且除了存档"内容"数字对象,支持文件、元数据等的展示文档也以数字对象的形式存放于保存系统中。保存系统记录各种目的的动作和事件。

针对国家图书馆各类型的数字资源以及长期保存各环节的管理需求,本指南分别设计了几个实用情景,以便检测《国家数字图书馆长期保存元数据规范》的科学性、合理性与实用性,同时演示长期保存元数据规范在长期保存系统中可能的记录形式。实例的取值都是示例性的,没有真实意义。

虚拟情景1:一个数字对象上执行的、不改变这个对象的动作

这个实例适用于如下动作,例如,PREMIS 的事件类型:

- 数字签名确认;
- 电文摘要计算(校验和计算);
- 固定性检查(校验和检查);
- 确认(格式,例如,一个文件是否符合它的文件名所隐含的格式规范);
- 病毒检查。

电文摘要计算和格式确认最好在数字对象摄取时完成,如果可能的话,固定性检查和病毒检查也应于数字对象摄取时完成。在这种情况下,它们可能会,也可能不会被记录为单独的事件,但如果没被记录的话,它们应该在事件详细信息或保存策略和程序中予以指出。如果这些动作没在摄取时完成,它们可能会过一段时间,当能记录为单独的事件再执行。

具体来说,假定要将国家图书馆数字化的地方志 XX 摄入保存系统,以其中一个完整的 PDF 图像文件为对象。保存系统收割前需要对其进行数字签名确认、电文摘要计算、固定性检查、格式确认、病毒检查等,还需要与其对应的 XML 文本文件进行关联。这个过程需要记录的保存元数据具体如下表:

语义单元			受控词表/要遵循的取值规范	语义单元值
对象标识符	对象标识符类型		对象唯一标识符命名域	
	对象标识符值			PDO0000001
对象类型				文件
保存级别	保存级别值		保存系统定的义保存级别值的受控词表	完全保存
	保存级别职责		保存系统定义的保存级别职责的受控词表	要求
	保存级别指定日期		GB/T 7408	2010 − 01 − 01T01:01:01 + 8:00
重要属性	重要属性类型			内容
	重要属性值			所有的文字内容和图像
对象特征	组分级别			
	固定性	电文摘要算法	保存系统定义的电文摘要算法受控词表	MD5

续表

语义单元				受控词表/要遵循的取值规范	语义单元值
		电文摘要			7c9b35da4f2ebd436f 1cf88e5a39b3a257ed f4a22be3c955ac49da 2e2107b67a1924419 563
		电文摘要创建者			保存系统
	大小				2038937
	格式	格式标记	格式名称	保存系统定义的格式名称受控词表	TIFF/NLC/PDF
			格式版本		
		创建程序	创建程序名称		国图将地方志数字化为TIFF格式所用的程序
			创建程序版本		国图将地方志数字化为TIFF格式所用程序的版本
			创建日期	GB/T 7408	2003－01－01T01:01:01＋8:00
原始文件名称					北京地方志XX
存储	内容位置	内容位置类型		保存系统定义的内容位置类型受控词表	URI
		内容位置值			http://xxx.162.59.44/xx/xx
	存储载体			保存系统定义的存储载体受控词表	硬盘
环境	环境性质			保存系统定义的环境性质受控词表	工作环境
	环境目的			保存系统定义的环境目的受控词表	阅读
	环境附注				该环境假定PDF本地存储并使用独立的PDF阅读器
	软件环境	软件名称			Adobe Acrobat Reader
		软件版本			6.0
		软件类型		保存系统需给出相应的受控词表	显示软件

语义单元			受控词表/要遵循的取值规范	语义单元值
		软件其他信息		
		软件附件		
	硬件环境	硬件名称		Intel Pentium III 1 GB DRAM
		硬件类型	保存系统需给出相应的受控词表	处理器
		硬件其他信息		最小 32MB
签名信息		签名编码		
		签名人		国家图书馆
		签名方法		DSA-SHA1
		签名值		juS5RhJ884qoFR8flVXd∕rbrSD VGn40CapgB7qeQiT + rr0NekE Q6BHhUA8dT3 + BCTBUQI0d Bjlml9lwzENXvS83zRECjzXbM RTUtVZiPZG2pqKPnL2YU3A9 645UCjTXU + jgFumv7k78hieA GDzNci + PQ9KRmm∕∕icT7JaY ztgt4 =
		签名确认规则		
		签名属性		
		密码信息		
关系信息		关系类型	保存系统定义的关系类型受控词表	源流
	关联对象标识信息	关联对象标识符类型	数字对象唯一标识符命名域	
		关联对象标识符值		PDO0000002
	关联事件标识信息	关联事件标识符类型	事件唯一标识符命名域	
		关联事件标识符值		PE00001

续表

语义单元			受控词表/要遵循的取值规范	语义单元值
链接事件标识符	链接事件标识符类型		事件唯一标识符命名域	
	链接事件标识符值			PE0002
	链接事件标识符值			PE0003
	链接事件标识符值			PE0004
	链接事件标识符			PE0005
链接权利声明标识符	链接权利声明标识符类型		权利声明唯一标识符命名域	
	链接权利声明标识符值			PRS0001
事件标识符	事件标识符类型		事件唯一标识符命名域	
	事件标识符值			PE0002
	事件标识符值			PE0003
	事件标识符值			PE0004
	事件标识符值			PE0005
事件类型				收割
事件日期			GB/T 7408	2010-01-01T01:01:01+8:00
事件结果信息	事件结果		保存系统定义的事件结果受控词表	成功
链接代理标识符	链接代理标识符类型		代理唯一标识符命名域	
	链接代理标识符值			PA00001
	链接代理功能		保存系统定义的链接代理功能受控词表	执行程序
代理标识符	代理标识符类型		代理唯一标识符命名域	
	代理标识符值			PA00001
代理名称				国家数字图书馆长期保存系统
代理类型			保存系统定义的代理类型受控词表	软件
权利声明	权利声明标识符	权利声明标识符类型	权利声明唯一标识符命名域	
		权利声明标识符值		PRS0001
	权利基本原则		保存系统定义的权利基本原则控词表	版权

132

语义单元			受控词表/要遵循的取值规范	语义单元值
	版权信息	版权状态	保存系统定义的版权信息受控词表	公众领域
		版权管辖区域	ISO 3166	cn
		版权状态颁布日期	GB/T 7408	2003 – 01 – 01T01:01:01 + 8:00

虚拟情景 2：一个数字对象上执行的、把这个对象变成一个新的对象的动作

这个实例适用于如下动作，例如，PREMIS 的事件类型

- 迁移（成为另一种格式）

- 标准化（变成标准或支持的格式）

- 压缩

所有改变数字对象的保存拷贝的事件，都应该被记录。

具体来说，将国家数字图书馆保存系统中的民国期刊 XX 的图像格式由 TIFF 转换为 JPG，这个过程需要记录的保存元数据具体如下表：

语义单元				受控词表/要遵循的取值规范	语义单元值
对象标识符	对象标识符类型			对象唯一标识符命名域	
	对象标识符值				PDO0000005
对象类型					文件
保存级别	保存级别值			保存系统需定义保存级别值的受控词表	完全保存
	保存级别职责			保存系统需定义保存级别职责的受控词表	要求
	保存级别指定日期			GB/T 7408	2010 – 01 – 01T01:01:01 + 8:00
对象特征	大小				1024
	格式	格式标记	格式名称	保存系统定义的格式名称受控词表	JPG
			格式版本		2000

续表

语义单元			受控词表/要遵循的取值规范	语义单元值
创建 程序	创建程序名称			国图将 TIFF 格式转为 JPG 所用的程序
	创建程序版本			国图将 TIFF 格式转为 JPG 所用程序的版本
	创建日期		GB/T 7408	2010 - 01 - 01T01:01:01 + 8:00
原始文件名称				民国期刊 XX
存储	内容 位置	内容位置类型	保存系统定义的内容位置 类型受控词表	URI
		内容位置值		http://xxx.162.59.44/xx/xx
	存储载体		保存系统定义的存储载体 受控词表	硬盘
环境	环境性质		保存系统定义的环境性质 受控词表	工作环境
	环境目的		保存系统定义的环境目的 受控词表	转换
关系 信息	关系类型		保存系统定义的关系类型 受控词表	源流
	关联对 象标识信息	关联对象标识符 类型	数字对象唯一标识符命名域	
		关联对象标识符值		PDO00000004
事件 标识符	事件标识符类型		事件唯一标识符命名域	
	事件标识符值			PE00003
事件类型				转换
事件日期			GB/T 7408	2010 - 01 - 01T01:01:01 + 8:00
事件结果信息	事件结果		保存系统定义的事件结果 受控词表	成功

虚拟情景 3:从保存系统中删除对象

保存系统对于哪些地方允许删除对象,拥有自己的策略。即使数字对象本身被删除,有关这个对象的一些元数据也应该保留。至少应该保存对象标识符和一些描述性元数据(或一个到描述性元数据的链接,例如通过与当前对象的关系)。

假定国家数字图书馆根据保存策略,在 10 年后要删除保存系统中地方志 XX 之前的老版

本,这个过程中应记录的保存元数据具体如下:

语义单元			受控词表/要遵循的取值规范	语义单元值
对象标识符	对象标识符类型		对象唯一标识符命名域	
	对象标识符值			PDO0000007
对象类型				文件
保存级别	保存级别值		保存系统定义的保存级别值的受控词表	完全保存
	保存级别职责		保存系统定义的保存级别职责的受控词表	要求
	保存级别指定日期		GB/T 7408	2010-01-01T01:01:01+8:00
重要属性	重要属性类型			内容
	重要属性值			所有的文字内容和图像
重要属性	重要属性类型			页数
	重要属性值			300
对象特征	组分级别			0
	固定性	电文摘要算法	保存系统定义的电文摘要算法受控词表	MD5
		电文摘要		7c9b35da4f2ebd436f1cf88e5a39b3a257edf4a22be3c955ac49da2e2107b67a1924419563
		电文摘要创建者		保存系统
	大小			2038937
	格式	格式标记 / 格式名称	保存系统定义的格式名称受控词表	JPG
		格式标记 / 格式版本		2003
		格式注册中心 / 格式注册中心名称		国家数字图书馆

语义单元			受控词表/要遵循的取值规范	语义单元值
创建程序	创建程序名称			国图将地方志数字化为JPG格式所用的程序
	创建程序版本			国图将地方志数字化为JPG格式所用程序的版本
	创建日期		GB/T 7408	2003–01–01T01:01:01+8:00
原始文件名称				北京地方志XX
存储	内容位置	内容位置类型	保存系统定义的内容位置类型受控词表	URI
		内容位置值		http://xxx.162.59.44/xx/xx
	存储载体		保存系统定义的存储载体受控词表	硬盘
关系信息	关系类型		保存系统定义的关系类型受控词表	源流
	关联对象标识信息	关联对象标识符类型	数字对象唯一标识符命名域	
		关联对象标识符值		PDO0000009
	关联事件标识信息	关联事件标识符类型	事件唯一标识符命名域	
		关联事件标识符值		PE00006
事件标识符	事件标识符类型		事件唯一标识符命名域	
	事件标识符值			PE0002
事件类型				删除
事件日期			GB/T 7408	2011–01–01T01:01:01+8:00
事件结果信息	事件结果		保存系统定义的事件结果受控词表	成功
链接代理标识符	链接代理标识符类型		代理唯一标识符命名域	
	链接代理标识符值			PA00001
	链接代理功能		保存系统定义的链接代理功能受控词表	执行程序

语义单元		受控词表/要遵循的取值规范	语义单元值
代理标识符	代理标识符类型	代理唯一标识符命名域	
	代理标识符值		PA00001
代理名称			国家数字图书馆长期保存系统
代理类型		保存系统定义的代理类型受控词表	软件

参考文献

［1］ Data Dictionary section from PREMIS Data Dictionary for Preservation Metadata version 2.1. ［2011 –01 –06］. http：//www. loc. gov/standards/premis/v2/premis-2-1. pdf

［2］ Data Dictionary section from PREMIS Data Dictionary for Preservation Metadata version 2.1. ［2011 –01 –06］. http：//www. loc. gov/standards/premis/v2/premis-dd-2-0. pdf

［3］ Implementing Preservation Repositories For Digital Materials：Current Practice And Emerging Trends In The Cultural Heritage Community—A Report by the PREMIS Working Group September 2004. ［2010 –03 –30］. http：//www. oclc. org/research/activities/past/orprojects/pmwg/surveyreport. pdf

［4］ Implementing Preservation Metadata in Digital Library Applications：Using PREMIS with METS. Rebecca Guenther（LC）, Tom Habing（UIUC）, Nancy Hoebelheinrich（Stanford）, Ardys Kozbial（UCSD）, Rob Wolfe（MIT）DLF Spring Forum, April 2008. ［2009 – 11 – 10］. http：//www. diglib. org/forums/spring2008/2008springprogram. htm

［5］ Using Metadata Standards in Digital Libraries：Implementing METS, MODS, PREMIS, and MIX. Rebecca Guenther（LC）, Morgan Cundiff（LC）, Nate Trail（LC）, Brian Tingle（CDL）, Sarah Shreeves（UIUC）, Tom Habing（UIUC）, Tod Olson（U Chicago）ALA Annual 2007. ［2010 –03 –30］. http：//www. loc. gov/mods/presentations/litaprogram-an2007. html

［6］ Implementing the PREMIS data dictionary：a survey of approaches. ［2010 –05 –10］. http：//www. loc. gov/standards/premis/implementation-report-woodyard. pdf/

［7］ Australian Partnership for Sustainable Repositories PREMIS Requirement Statement Project Report. ［2010 –04 –12］. http：//www. apsr. edu. au/publications/presta. pdf

［8］ Understanding PREMIS. ［2010 –10 –29］. http：//www. loc. gov/standards/premis/understanding-premis. pdf

［9］ 刘志,肖文建,沈丽. PREMIS 保存元数据及其对我国的启示. 图书馆学研究,2009(2)

［10］ 曾苏,马建霞,张秀秀. 元数据自动抽取研究新进展. 现代图书情报技术, 2008(4)